U0596276

知常

/大家小书 必备应知/

古人的称谓

袁庭栋 著

中華書局

图书在版编目(CIP)数据

古人的称谓/袁庭栋著. —北京:中华书局,2025.4.—
(知常).—ISBN 978-7-101-16896-9

Ⅰ.K892.98

中国国家版本馆 CIP 数据核字第 2024QX1809 号

书　　名　古人的称谓
著　　者　袁庭栋
丛 书 名　知常
责任编辑　孙永娟
文字编辑　徐卫东
封面设计　刘　丽
责任印制　韩馨雨
出版发行　中华书局
　　　　　(北京市丰台区太平桥西里 38 号　100073)
　　　　　http://www.zhbc.com.cn
　　　　　E-mail:zhbc@zhbc.com.cn
印　　刷　河北新华第一印刷有限责任公司
版　　次　2025 年 4 月第 1 版
　　　　　2025 年 4 月第 1 次印刷
规　　格　开本/787×1092 毫米　1/32
　　　　　印张 10¾　插页 3　字数 180 千字
印　　数　1-5000 册
国际书号　ISBN 978-7-101-16896-9
定　　价　52.00 元

目录

出版说明

人类历史文明的发展与知识、思想的不断革新相辅相成，而知识与思想在此过程中，其精粹部分不断累积沉淀，形成了一个民族的内在文化，直至今日，我们的日常生活、精神信仰与审美旨趣都遵循着这种文化逻辑。它坚不可摧、恒常不变，像锚一样，在宏阔的宇宙中锚定我们栖身的坐标。而中华书局推出的“知常系列”丛书，就是进入经典古籍、进入中华优秀传统文化中的桥梁，它指引着我们回到中华民族精神文化的家园。

“知常系列”所遴选的图书，是阅读古代典籍、了解传统文化应知的、必备的常识类书籍。我们如果对于古人的名字、古文字知识、古代礼仪、古代官阶等一些基本情况不了解，不仅难以顺利阅读，甚至会误读，也就很难领会传统文化的精髓。故而编选这套丛书的初衷，就是为了解传统文化铺平道路。作为一套入门书，其基本特点如下：

一、入选图书，每本皆为这一研究领域名家撰写。

二、文字浅显易懂，内容精准简练。

三、坚持优中选优的原则，尽量选择阅读轻松、内容上乘的作品。

希望这套丛书，能够带您更快进入中华优秀传统文化的世界，知甘露味，得大智慧。

中华书局编辑部

2024年9月

导　言

历史活动的主体是人，而古代文化，实际上就是古人在社会历史发展过程中所创造的精神财富。所以，我们在学习与研究古代文化时，就会时时处处接触一个又一个的“古人”。而这里所谓的“古人”，基本上都是在文献材料中所见到的若干人物的名字，以及可起到名字作用的若干称呼，即古人的称谓。这些称谓，是古人在人与人相互交往中的一种标识，是我们了解古人的开端。也就是说，无论我们学习或研究古代文化的任何问题，都必须接触到各种各样的“古人”，而每一个人又有着各种各样的称呼，这就会给我们的学习与研究带来若干麻烦。所以，要学习与研究古代文化，就必须要学习与了解古人的各种称谓。

我们说古人的称呼，十分复杂、十分麻烦，这绝非夸大其词。关于这一点，早就有人叫苦不迭了。如宋人黄彻深感《左传》人名变化之繁杂而感慨道："千变万状，有一人而称目至数次异者。族氏、名字、爵邑、号谥，皆密布其中。"（《砦溪诗话》卷一）其实，一个人有多种称呼，古今是一样的，只是平时人们都不大注意就是了。为了让大家对于称谓的复杂性有一个比较形象的认识，我们先举今人为例。例如，有一位高校女教师，虽然在户口簿上只有一个"姓名"，可是，小时有"乳名"；发表文章有"笔名"；学生称她"老师""先生"；按职称，称她"教授"；按职务，可能称她"副校长""副书记""主任""主编"；如果参加几个学术团体，又可能称她"会长""理事""秘书长"；在家中，丈夫称她"妻子""老伴"，孩子称她"妈妈"，父母称她乳名；各位亲属则可能称她为"姐""妹""姨""娘""婶""姑""舅妈""嫂子""侄媳妇""表嫂""表娘""岳母""婆婆""奶奶""舅婆"等；周围的人会称她"小姐""夫人""女士""太太""大嫂""大婶"

“大娘”“老太婆”；还有今天无往而不用的“同志”“师傅”；老同学见面，会称她的绰号……当然，还可以举出许多。一句话，有关每一个人的称呼都会是各种各样、花样百出的。只不过，今天这些称呼，大家都懂，无须研究，不用翻辞典。可是到了一千年之后，我们的后代在这些花样百出而且又不断翻新的称呼面前，必然会发出种种疑问，必然会有人去厘清与考证。

话说回来，今人的称谓是如此复杂，古人的称谓则比今人还要复杂得多，至今还有一些问题在研究、考证、争论之中，而古人称谓对我们学习与研究古代文化又十分重要，所以，有关古人称谓的知识，是学习古代文化的基本知识，是一种基本功。前辈学者认为目录、年代、职官、地理沿革等基础知识是学习古代文化入门的钥匙。其实，称谓也应当是这类基础知识之一，任何一个有志于学习古代文化的人，都应当对此予以足够的重视。

现在我们从文献材料中所见到的绝大多数古人的称呼，都不止一个，而是几个，甚至几十个。大体上，称呼因为不同人物经历的繁简、社会关系的广狭、文化程度的高低等种种差异而有所不同。这里先以几个大家熟悉的人物为例。

西周的姜尚，又叫吕尚、姜牙、姜子牙、姜太公、太公望、吕渭。

赵国最能相马的伯乐（另有秦国的伯乐，二人同名，详见俞正燮《癸巳存稿·伯乐》），又叫王良、邮良、邮无恤、邮无政、王子期、王子于期。

晋代的大诗人陶潜，又叫陶渊明、陶元亮、陶彭泽、五柳先生、靖节征士。

唐代大诗人杜甫，又叫杜子美、杜陵、杜少陵、少陵野老、杜拾遗、杜二拾遗、杜工部、老杜。

宋代的改革家王安石，又叫王介甫、王临川、王荆公、王文公。

明代大哲学家王守仁，又叫王阳明、王伯安、王余姚、王新建、王文成。

以上几位大家所熟知的古代名人，除伯乐，我们所举出的不同的称呼还仅限于人们所常见的，至于不常见的其他称呼尚有哪些，还有待于专门的考察。如果考察清楚，可能还有许多。有一位大家所熟悉的大作家的不同称呼，曾经有几位学者作过专门的考察，这就是苏轼。据目前所知的结果，他的称呼有：苏轼、苏子瞻、苏子平、苏和仲、苏同父、大苏、苏二、大苏公、苏长公、眉山公、苏眉州、峨眉先生、苏贤良、苏太史、苏使君、东坡居士、苏东坡、雪堂、苏副使、狂副使、老农夫、雪浪翁、长帽翁、苏尚书、苏礼部、苏学士、苏翰林、苏内翰、苏端明、苏徐州、苏惠州、大坡、老坡、谪仙人、东坡翁、坡翁、东坡道人、坡仙、坡公、东坡老人、东坡病叟、坡老、苏公、苏仙、苏子、西湖长、秃鬓翁、白发兄、香案吏、玉堂仙、老泉山人、铁冠道人、思无邪斋、笠履翁、苏玉局、玉局翁、德有邻堂、毗陵先生、髯苏、髯公、髯翁、文星、奎宿、妙喜老人、苏文忠公、苏文忠……

以上，是一位古人有若干称呼的例子。这种情况很可能让我们不易了解清楚，这是问题的一个方面。另一方面，古人有若干普遍使用的称呼，在古代文献中常见，可是今天已不再使用。这些称呼是何含义，相互间如何区别，今天也不容易搞清楚，反而很容易使人误解或引起混淆。这里仅以称“人”者为例，古代就有寡人、余一人、鄙人、舍人、野人、闲人、散人、道人、山人、夫人、恭人、令人、淑人、硕人、孺人、贵人、宜人、才人……如果不学习这方面的知识，真不知会产生多少误解和混淆。

为什么古人会有如此繁复的称呼？主要是因为以下方面。

一、古人在对自己的称呼，即所谓“自称”方面，有较多的讲究。小时有名，有小名，成年有字，读书人一般都有别号，有室名，而且字、号、室名有时还不止一个，多的有几十个。

二、古人讲礼，对别人用尊称，对自己用谦称。仅在对对方的尊称中，除了可以在不同人之间通用的若干尊称，还因为对方所任官职、所封爵位、出生或任官地点、学识高低、与自己的关系等不同，而从不同侧面去尊称对方。

三、古代社会等级森严，不同人有不同的称呼，特别是作为统治阶级的人物，往往有若干种特有的表示其身份等级的称呼，有若干本可直截了当却偏要拐弯抹角的代称。

以上三方面所提到的各种情况，笔者在下文会一一加以讨论并举出大量的实例，故而这里不再举例。这里只是想指出，正是由于上述这些情况，我们今天阅读古代文献、了解古人身世时，必然会出现种种困难。对于读书不多、未学习过这方面知识的人来讲，可能遇到的困难就更多。下面举几个例子。

于慎行《谷山笔麈》卷一三《称谓》载：北齐时，“宫中呼嫡母为家家，乳母为姊姊，呼妇为妹妹”；唐末，“宫中称天子为宅家……亦称大家……亦称官家……唐初称天家”；“西汉臣子称朝廷为县官，东汉称天子为国家，北朝称家家，唐称圣人，亦称大家、天家，宋称官家……辽、金称郎主”；“唐时宰相相呼曰堂老，两省曰阁老，尚书曰院长，御史曰端公”；“金之官长皆称勃极烈，元之官长皆称达鲁花赤”。于慎行认为这些称呼颇为特别而难解，故而搜列出来为当时读书人介绍。于慎行是明代嘉靖、万历年间人，已深感古人称谓之难解，我们生活在于氏四百余年之后，而且又经过了近代的大变革，对于这些情况当然会更加感到陌生，更易产生误解。

1966年，北京出现了一桩著名的“称谓大案”。有一些青年人在中国革命博物馆发现了一枚陈列着的印章，上面刻着“前身祢正平，后身王尔德，大儿斯大林，小儿毛泽东”。他们见到竟敢称斯大林为“大儿”，毛泽东为“小儿”，万分惊异而且愤慨，立即上报。反革命两面派康生佯装不知此事（其实他既知印章来历，也懂印章内容），将其定性为“反动印章”，砸碎印章，焚毁有关材料，对有关的人加以残酷迫害，并通告全国。其实，康生此举是既将拳头砸向无辜群众，又将攻击矛头指向周恩来总理。原来，这枚印章是周总理在1963年指示中国革命博物馆收藏并陈列的，目的是纪念印章的主人柳亚子先生。柳亚子是我国现代史上杰出的诗人，著名的民主革命战士，与毛泽东、周恩来等都有着深厚的友谊。1945年，他日渐认识到蒋介石政权没有讲民主的可能，只有共产党才能救中国，对当时共产国际的领袖斯大林和中国共产党的领袖毛泽东产生了极大的崇敬与期望。所以，他在重庆请著名篆刻家曹立庵为他刻了上述印章。与此同时还刻了另一方，印文是“兄事斯大林，弟畜毛泽东”。

在此之前，他还刻过一方印章："大儿孔文举，小儿杨德祖，前身陶彭泽，后事韦苏州。"这里的"大儿""小儿"并非詈骂之语，而是汉代称谓中的一种特殊用语，是对杰出男子的一种尊称。《后汉书·祢衡传》载，东汉末年，"祢衡字正平，平原般（地名，在今山东）人也。少有才辩，而尚气刚傲，好矫时慢物……是时许都新建，贤士大夫四方来集"。祢衡"唯善鲁国孔融及弘农杨修，常称曰：'大儿孔文举，小儿杨德祖（按：孔融字文举，杨修字德祖）。余子碌碌，莫足数也。'融亦深爱其才。衡始弱冠（按：祢衡时年二十四岁），而融年四十，遂与为交友，上疏荐之"。这里讲得很清楚，祢衡比孔融年轻得多，却称孔融为"大儿"，孔融很高兴，还大力向曹操推荐这位年轻的朋友。由是可知，当时的"大儿""小儿"是尊称，是夸奖之称，有如今称"大丈夫""好男儿""好儿郎"。祢衡之后，就有人仿此尊称，如苏轼在《书丹元子所示〈李太白真〉》一诗中就有"大儿汾阳中令君，小儿天台贺季真”之句。在柳亚子的另一方印中，“兄事”“弟畜”也是古人用语，见《史记·季布栾布列传》:“季心……长事袁丝，弟畜灌夫、籍福之属。”柳亚子之所以用“大儿”“小儿”来尊称斯大林和毛泽东，很可能是受了生长于重庆的辛亥革命前的青年英雄、自称“革命军中马前卒”的邹容的影响，因为邹容在著名的《革命军》第一章中就有“大儿华盛顿”“小儿拿破仑”之语。如果不懂得古人这种较为特殊的称呼，就会给人们造成极大的误解。为了不致造成误解，我们在接触到某些尚不能理解的古人称谓时，千万不要按现代汉语的含义去望文生义。这类例子我们在下文中将会见到很多，这里再举一例，即与“儿”相对的称呼“老子”。

今天经常听到有人自称“老子”，都是在各种不礼貌、不严肃的语言中，乃至在吵架时使用的，而且基本上不用于他称。可在古代却完全不同，最早的使用在汉代，如《后汉书·马援传》“颇哀老子，使得遨游”，又《韩康传》“此自老子与之，亭长何罪”，这两处“老子”都是自称。这以后，长期有人使用，从晋代的庾亮、陶侃、刘弘，一直到宋代的黄庭坚、辛弃疾、余玠等，用法均与汉代相近。与此同时，也用于他称，如《三国志·吴书·甘宁传》注引《江表传》载，孙权称曹操为“老子”；《华阳国志·大同志》载，李雄称李流与李含为“老子”；《旧五代史·唐书·庄宗纪二》载，唐庄宗称李存审为“老子”。北宋时，西北边民称范雍与范仲淹为“大范老子”“小范老子”（孔平仲《孔氏谈苑·军中有范西贼破胆》），陆游认为这是“盖尊之以为父也”（《老学庵笔记》卷一）。从上述材料可以明显地看出，从汉到宋，“老子”作为自称，有如后之“老夫”；作为他称，有如后之“老丈”，毫无不严肃的意味，与今天的“老子天下第一”“老子的队伍才开张”之类用法有很大差别。当然，今天的用法也是从古代的用法演变而来的。唐代敦煌写本伯

2643号卷子是《古文尚书》残卷，卷末有这样的题记："乾元二年正月廿六日义学生王老子写了，故记之也。"这明显是抄书匠的牢骚。《新五代史·冯道传》载耶律德光与冯道的对话："德光诮之曰：'尔是何等老子？'对曰：'无才无德痴顽老子。'"这是明显的讥诮之语，很不严肃，与汉晋之风大不相同，而与今天用法相近了。

关于称谓随时代不同而变化，早在宋代就已有人明确指出了这一点，如《宋史·兵志九》载熙宁年间宋神宗诏令，称杂见于《通典》之《李靖兵法》中的"官号物名与今称谓不同，武人将佐多不能通其意"。遗憾的是古人未在这方面多作一些记录整理、疏证解说的工作，所以给后人了解古代称谓带来很大困难。据笔者所知，古人在这方面比较系统的著作只有两种。一是北周卢辩的《称谓》五卷，早佚，只存目于《隋书·经籍志三》。二是清代中叶梁章钜的《称谓录》三十二卷，此书重点在"录"，录的重点又在亲属称谓和职官名号，基本上未作论说与溯源，只能视作一部虽然编排不太恰当、不够全面，但在某些方面材料还是较为丰富的资料汇编。

由于古代缺乏这方面的有关著作，所以无论古代还是现代，一些学者在整理重要古籍时，为了让读者不致对书中人物的各种称呼产生混淆，不得不将厘清书中每个人物的不同称呼，作为整理注释工作的一部分。例如，《左传》中的称谓就十分复杂，清代大学问家章学诚在《文史通义·繁称》中就说过："尝读《左氏春秋》，而苦其书人名字，不为成法也……随意杂举，而无义例，且名字、谥行以外，更及官爵封邑，一篇之中，错出互见，苟非注释相传，有受授至今，不复识为何如人。"后蜀冯继光曾特地编了《春秋名号归一图》，将"经传有异呼者合而录之"，后被人置于杜预的《春秋经传集解》之前。此外，《世说新语》的旧刻本多附有《释名》，中华书局出版的余嘉锡《世说新语笺疏》书后专门附有《〈世说新语〉常见人名异称表》。胡道静先生作《梦溪笔谈校证》，也特地作了《释名》置于书前，以便读者能由此了解“《笔谈》所称人名，或用别字，或用封国，又有用谥号者”的种种不同称呼。以上这些工作，其实正是在解决某一部古代典籍中的称谓问题。

在现代学者的研究著作中，至今尚未出现一部系统论述古人称谓的著作，连有关的论文也极少。据笔者所见，最早重视这一问题，并向广大读者专门介绍这方面知识的，是王力先生主编的《古代汉语》（1963年初版）中的《古代文化常识》，其中的《姓名》一节向读者简明地介绍了古人的姓、氏、名、字、尊称、卑称、别号、谥号、庙号、尊号、避讳等最基本的知识。当时笔者还在四川大学读研究生，正是在学习了《古代汉语》之后，才充分认识到了“古代文化常识”对我们学习与研究古代文化是何等地重要。本书就是想对古人称谓作一个比较全面的介绍，希望对广大读者学习古代文化有所帮助。

我们要明确两个问题：第一，“称谓”与“称呼”有何区别？我们这本书为什么要以“古人的称谓”为名，而不叫“古人的称呼”，又不叫“称谓制度”？

“称谓”一词，秦汉时期尚少见使用，据笔者所见，此词最早见于《晋书·孝武文李太后传》所载会稽王司马道子的书启：“虽幽显同谋，而称谓未尽，非所以仰述圣心，允答天人。宜崇正名号，详案旧典。”这里的“称谓”，就是对人的称呼，与后世的含义相同。在古代文献中，“称谓”与“称呼”是近义词，在指某一具体称呼时，多用“称呼”；在泛指多种称呼时，多用“称谓”。如孔颖达《礼记正义·曲礼下》在“使者自称曰寡君之老”下云：“此一节明诸侯及臣称谓之法。”前面已经提到，北周卢辩曾写《称谓》一书，唐代刘知几在《史通》中有《称谓》一篇，后人在一些笔记中常以“称谓”为篇名，清人梁章钜有《称谓录》一书传世。笔者现在用“称谓”一词，正是沿用古人习用之词，而对具体的称呼，则也同古人一样，称之为“称呼”。

为什么又不如“职官制度”那样称之为“古代称谓制度”呢？因为就少数称谓而言，古代确实有制度规定；但就大多数称谓来看，却没有制度可言，是约定俗成的。这正如刘知几所说：“历观自古称谓不同，缘情而作，本无定准。”（《史通·称谓》）就是说，有一定规矩可循，却无制度明文可依。正如今天的称谓一样，何谓“师傅”，人人都懂，可就是找不到任何制度规定。中华人民共和国成立以来，“爱人”一词逐渐成为“丈夫”“妻子”两个词的代称，有时仍可以表示“未婚夫”与“未婚妻”，成为一个很不确切的无性别称呼，可是却约定俗成，甚至成为若干有权威性的表格与文书的正式用语，哪里找得到一条给予规定性或界定性的制度条文呢？正是出于这种考虑，所以笔者未用“称谓制度”这一概念，而只称之为“古人的称谓”。

第二，我们在这里所讨论的“称谓”，其范围是有限的，只包括古代通用的，即一般人都可用、都可称的称谓，至于各行各业的专门称谓和表示身份等级的专门称谓，例如待诏、冰人、酒保、知客、员外、丫鬟、窗友、座师等，都属某一方面之人所专用，就都不在我们所讨论的范围之内。唯一的例外是古代的帝王与命妇，因为他们的各种称谓是古代人人必须称呼的，也是今天读书时处处时时必然见到的，所以我们专门作了介绍。还有，我们今天读书时所接触到的古人绝大多数都是有官职的，古人常以官衔与地望相称，所以我们对“官称”与“地望称”作了概括的介绍，至于各种具体的官职，就不再介绍。有兴趣的读者可参看拙著《古代职官漫话》(巴蜀书社1989年版)。

一

“姓”与“氏”

颜真卿楷书集字《百家姓》

姓名是人的诸多称谓中最重要、最基本的，是一个人在社会生活中用以区别于其他社会成员的识别符号。古人的姓与名及其使用，远比今人复杂，我们讨论古人称谓就从“姓”开始。

在原始社会后期的母系氏族阶段，只知有母，不知有父，每个以母系血统为纽带的氏族都必须有一个有别于其他氏族的称呼，这就是“姓”。甲骨文中的“姓”字从女从生会意，表示“女所生”，同一个老祖母所生的后代，就是同姓。汉代仍很明确这一点，所以《白虎通义·姓名》说：“姓者，生也。”《说文》说：“姓，人所生也。”正因为不同的姓就表示着不同的女性祖先，所以古文献中所见到的最古老的一批“姓”都是从“女”的，如《通志·氏族略序》所说：“女生为姓，故姓之字多从女，如姬、姜、嬴、姒、妫、姞、妘、㛚、姶、姺、嫪之类是也。”

我们的祖先之所以将自己的姓置于十分重要的地位而绝不能混淆，是因为姓的区别在当时具有明显的社会作用——明血缘、别婚姻。正如《白虎通义·姓名》所说："人所以有姓者何？所以崇恩爱、厚亲亲、远禽兽、别婚姻也。"我们的祖先很早就从实践中总结出近亲不宜通婚的优生学的道理，如《左传·僖公二十三年》载："男女同姓，其生不蕃。"《国语·晋语四》载："同姓不婚，恶不殖也。"利用"同姓不婚"这一优生学原理来保证后代的正常繁衍，在古代是长期严格执行的。只是有两点必须了解：

一是东周时期，同姓不婚的原则有时被王侯贵族打破，那是为了政治联姻的需要，在数国王侯同姓的情况下，不得已而为之。

二是我国有系统的文字记载的历史是从商代开始的，此时已是较发达的奴隶制社会，以男性为一族之长的时代已有数千年，所以"姓"的继承与区别也早已从按母系血统来划分转变为按父系血统来划分了，如周为姬姓、秦为嬴姓之类。

最初的同姓是不多的，但随着后代的长期繁衍，同姓必然是越来越多；随着生产力的发展，在庞大的同姓者之中也必然会出现新的区分。这种区分不仅是血缘的亲疏，也是地位与财富的不同。这种区分，伴随着母系氏族阶段向父系氏族阶段的转变而日趋明显。这样，就在每个人都有了“姓”之后，又在同姓之中出现了不同的“氏”。最初的“氏”，大体上应当是各个父系氏族的称呼或标识，也可以是该氏族的男性首领的称呼。我国最早的一些“氏”，如轩辕氏、神农氏、伏羲氏、燧人氏、陶唐氏等，虽有神话传说的成分在内，但确也反映了一些历史真实——他们都是父系氏族阶段出现过的最有名的“氏”。

夏代的统治族，《史记·夏本纪》记载得很清楚：“禹为姒姓。”可在同一个姒姓之下，就分为“夏后氏、有扈氏、有男氏、斟寻氏、彤城氏、褒氏、费氏、杞氏、缯氏、辛氏、冥氏、斟戈氏”。

殷代的统治族是商族，姓子（即“好”），其下的情况是“其登名民三百六十夫”（《史记·周本纪》）。而从甲骨文中的材料考察，“确知商代的氏族至少有二百个以上”（丁山《甲骨文所见氏族及其制度》），与《史记》的记载可以相互印证。《左传·定公四年》曾列出了著名的“殷民六族”与“殷民七族”：“条氏、徐氏、萧氏、索氏、长勺氏、尾勺氏”，“陶氏、施氏、繁氏、锜氏、樊氏、饥氏、终葵氏”。这就是商族同属子姓的十三个“氏”。清代著名学者段玉裁在《说文解字注·氏》中说得好：“姓者，统于上者也；氏者，别于下者也。”宋代史学家刘恕在《通鉴外纪》中的论述也很准确：“姓者统其祖考之所自出，氏者别其子孙之所自分。”顾炎武则在《原姓》中从另一种角度给了很恰当的区分：“氏焉者，所以为男别也；姓焉者，所以为女坊也。”

进入阶级社会之后，姓继续起着“别婚姻”的作用，氏的作用则是“别贵贱”。同姓之下，不同氏的地位与实力在由无阶级社会向阶级社会的变动中和在阶级社会的发展中，必然会有所差别，《白虎通义·姓名》说“所以有氏者何？所以贵功德，贱伎力”，正表明了汉代对不同的氏之间的差别的理解。

姓和氏的产生及其不同的社会作用，在上文已经简述。在既有姓又有氏之后，姓与氏之间的关系及其使用时的特点又如何呢？郑樵在《通志·氏族序》中有一段全面而准确的概括：“三代之前（按：这里的“之前”是指三代结束之前，即秦以前的夏、商、周三代），姓氏分而为二。男子称氏，妇人称姓。氏所以别贵贱，贵者有氏，贱者有名无氏，今南方诸蛮此道犹存。古之诸侯诅辞多曰‘坠命亡氏，踣其国家’，以明亡氏则与夺爵失国同，可知其为贱也。故姓可呼为氏，氏不可呼为姓。姓所以别婚姻，故有同姓、异姓、庶姓之别。氏同姓不同者，婚姻可通；姓同氏不同者，婚姻不可通。三代之后（按：即指秦汉及其以后），姓氏合而为一，皆所以别婚姻，而以地望明贵贱。”在这段话中，谈了几个很重要的问题。

首先，“男子称氏，妇人称姓。氏所以别贵贱……姓所以别婚姻”，是我国古代姓氏合一之前姓与氏的最基本的特点。当时男子是社会舞台的主角，他们都称氏，方能“别贵贱”，方能体现出与其他氏的差别。先秦时期，男子从不以姓相称。郑樵在《通志·氏族序》中曾很中肯地指出，司马迁、刘知几以姬伯称周文王，以姬旦称周公，是错误的，“三代之时无此语也”。郑樵由此而慨叹：“虽子长（按：司马迁字子长）、知几二良史犹昧于此！”（按：郑樵所说似有误。司马迁《史记》中无称“姬伯”“姬旦”者。）后来顾炎武在《原姓》中也曾明确指出：“男子称氏，女子称姓。氏一再传而可变，姓千万年而不变。最贵者国君，国君无氏，不称氏称国。”他在举出《左传》中若干实例之后指出：“考之于《传》，二百五十五年之间，有男子而称姓者乎？无有也。”钱大昕在《十驾斋养新录》卷一二《姓氏》中进一步指出：“三代以上，男子未有系姓于名者。汉武帝元鼎四年，封姬嘉为周子南君。此男子冠姓于名之始。”遗憾的是，如今史学界有不少著述还在重犯前人早已指出的错误（《中国历史人物辞典》甚至以“姬昌”“姬发”“姜小白”等作为人名的词目）。这里指出几个最常见的错误，如下。

孔子，绝不能说是“姓孔名丘”。“孔”只是他的氏。孔子是宋国贵族之后，宋国是殷遗民所建，所以孔子应姓“子”（即“好”）。他的先祖本以“公孙”为氏，到孔父嘉时，“五世亲尽，别为公族，故后以孔为氏焉”（《孔子家语·本姓解》）。

屈原，绝不能说是“姓屈名原”。屈原是楚国公族，姓是芈，其祖先“受屈（地名）为卿，因以为氏”（《史记·屈原贾生列传》《正义》引王逸说）。

秦始皇，不能称他为“嬴政”。他的确是姓嬴，但是以赵为氏，这在《史记·秦始皇本纪》中写得很明白：“名为政，姓赵氏。”《索隐》解释说：“生于赵，故

屈子行吟图

曰赵政。”正因为如此，《淮南子·人间训》才会说“秦王赵政兼吞天下而亡”。

男子称氏，女子则称姓，因为当时的女子无权参加社会活动，她们作为社会成员之一而要与其他女子相区别的主要时刻，就是作为传宗接代的工具而出嫁。为了“别婚姻”，不致出现同姓通婚的禁忌，她们的姓必须明确，所以她们必须称姓。未出嫁时，一般都在姓之前加上排行，如孟姬、仲姜、叔媿、季姒之类；或在姓前加上自己所出的国名，如秦嬴、齐姜、褒姒之类。出嫁之后，则在姓前加上丈夫的国名或氏，如孔姬、棠姜、息妫之类。西周王室长期是姬、姜二姓通婚，周王的王后在世时多称王姜，死后则在姜之前加上谥号，如文姜、哀姜、穆姜、齐姜之类。民间传说“孟姜女哭长城”的孟姜，史无其人，但却是先秦时期妇女的常见称呼。所谓“孟姜”，就是姓姜家的大小姐，“孟”是老大的意思，如果理解为“姓孟名姜”，就完全错了。

其次，是“贵者有氏，贱者有名无氏”。先秦时期实际上是有身份的统治阶级成员才有氏，广大的穷苦大众没有“别贵贱”的需要，也不大讲究宗法，所以一般是没有氏的。

再次，在有姓有氏的情况下，“氏同姓不同者，婚姻可通；姓同氏不同者，婚姻不可通”。先秦时期有好些诸侯、大夫都是同姓的，例如齐国的崔氏与东郭氏都姓姜，就不能通婚。齐庄公时，崔杼要娶东郭偃之姊。虽然东郭偃是崔杼的下属，可仍以“男女辨姓”为由，坚决表示“不可”（《左传·襄公二十五年》）。

由于“姓”是母系氏族时期形成的，“统系百世而不变”，所以先秦时期“姓”的数目很少。根据顾炎武的统计，“见于《春秋》者，得二十有二”（《日知录·姓》）。如周王室及其同姓封国鲁、晋、郑、卫、燕、虞、虢、吴、随、巴等都是姬姓，齐、申、吕、许等都是姜姓。可是“氏”的数目都是“姓”的若干倍。《左传·隐公八年》载：“天子建德，因生以赐姓，胙之土而命之氏。诸侯以字为谥，因以为族。官有世功，则有官族。邑亦如之。”这里的“族”与“氏”同义。就是说，因其出生而决定其“姓”，因其赐予土地的名称或者先祖的谥号、官称、封邑等作为自己的“氏”。有了这些不同的“氏”，方能体现出“别贵贱”的作用。如果分得更细一些，“氏”的来源远不止上述几种，《通志·氏族略》分为三十二类，《风俗通义·姓氏》与

《潜夫论·志氏姓》分为九类。《风俗通义·姓氏》亦载："或氏于号，或氏于谥，或氏于爵，或氏于国，或氏于官，或氏于字，或氏于居，或氏于事，或氏于职。"春秋战国时期，见于文献的常见的氏已有六百多个，除普通的穷苦百姓，过去的大夫、士这一阶层以及若干新兴的土地所有者与工商业者都有了氏，也都以氏相称。

战国时期是一个动荡、变革的时期，姓氏制度在此时出现了很大变化。由于严格的等级制度受到不断的冲击，传统的贵贱区分已无法维持，"氏"也就逐渐失去其"别贵贱"的作用，成为以男子为中心的家族的标识，而且越来越多。数量很少的"姓"则被大量的"氏"淹没。这样，氏就取代了过去"姓"的地位，氏姓不分，或说氏姓合一。战国以后，就人人有姓（也即人人有氏），都称姓了。在这个变动时期（战国至汉初），也就必然出现"姓"与"氏"混而不别的现象。如《史记》中常见的"姓赵氏""姓刘氏"，就是最典型的例证。顾炎武在《日知录·氏族》中说："姓氏之称，自太史公始混而为一。"他又在《原姓》中说："自秦以后之人，以氏为姓，以姓称男而周制亡。"就是最简明的总结。

秦汉以后，我国的姓氏制度基本稳定，人人都有姓，姓的主要来源就是先秦的氏，但数目日益增多。我国到底有多少姓？这是无法准确回答的问题。笔者曾见到六种自称是“据统计”的数字，如五千一百二十九、五千六百五十二、五千六百六十二、五千七百三十、六千三百、六千三百六十二，还有一些“约多少”“近多少”“超过多少”之类的数字。笔者认为这些数字都是大约的数字，都只能作参考。原因很简单，我国从未进行过详细的姓名普查工作，上述各种自称是“据统计”的数字，都来自古代各种姓氏书籍，如《元和姓纂》《通志·氏族略》《古今姓氏书辩证》《万姓统谱》《姓氏五书》等，而这些书的资料本身就只能作参考。中华人民共和国成立以来，我国搞了几次人口普查，这是最可靠的姓名资料，可是因为原始材料数量过大，所以迄今为止并未利用这些材料作姓氏专项统计，只作过少量的抽样调查。例如中国科学院遗传研究所根据1982年人口普查资料，按千分之零点五抽样，共五十七万余人，所见汉字姓氏（即用汉字来书写姓名的各族的姓，如汉族、回族、满族、壮族、朝鲜族等）只有一千零六十六个，他们“估计汉族目前使用的姓氏大概有三千个”。当然，古代使用的姓氏比今天要多，古

欽定四庫全書

元和姓纂卷四 上平聲殷韻至山韻　唐　林寶　撰

二十一殷

殷

子姓成湯國號也二十四代三十四王六百二十九年為周所滅子孫以國為姓秦末居河內野王漢初遷汝南

陳郡長平縣　漢北地太守殷續始居長平魏有褒

欽定四庫全書　元和姓纂　二

《元和姓纂》内页

今使用过的汉字姓氏有八千个左右。不过，无论古今，在众多的姓氏之中，常用者总是很少的。宋代编成而广为流传的《百家姓》，只有五百零四个姓（按：《百家姓》版本不尽相同，主要是对少数姓是单姓还是复姓看法不一致，所以对《百家姓》所载姓氏的统计数字有五百零三、五百零四、五百零五、五百零七、五百一十五等的不同，笔者用通行本统计，为五百零四），其中还有一些不是常用姓。从今天的情况看，上面提到过的遗传研究所的抽样调查表明，一百个常见姓就占了汉族总人口的87%，其中十九个超过1%的大姓占了汉族总人口的55.6%，李、王、张三大姓所占比例分别为7.9%、7.4%、7.1%。民间流传的“张王李赵遍地刘”的俗谚，是完全符合实际的。

古代姓氏制度的由来与变化大致就是如此。这里有一个问题必须强调，就是我国古代姓氏制度的由来与变化基本上是清楚的，但绝不能说每一个姓氏的由来是清楚的。在一些古籍中记载了若干姓氏的来源，认为是“某某之后”，其可靠程度很低，因为都提不出多少根据，而附会者却很多。古人大多崇古，言必称尧舜是长期习尚，正如《淮南子·修务训》所说：“世俗之人，多尊古而贱今，故为道者必托之于神农、黄帝而后能入说。”《八卦》必托名于伏羲，《本草》必托名于神农，《内经》必托名于黄帝。古人对姓氏的追寻也是越古越好，视神话为真实，越千年而续谱，其可靠性很低。宋代著名学者洪迈在《容斋随笔·姓氏不可考》中指出：“姓氏所出，后世茫不可考，不过证以史传，然要为难晓。”他在举出若干实例之后认为：“千载之下，遥遥世祚，将安所质究乎！”在《容斋随笔·姓源韵谱》中，他进一步指出：“姓氏之书，大抵多谬误。如唐贞观《氏族志》，今已亡其本；《元和姓纂》，诞妄最多；国朝所修《姓源韵谱》，尤为可笑。”大学问家顾炎武对姓氏之学深有研究，他也明确指出：“氏族之书所指秦汉以上者，大抵不可尽信。”（《日知录·氏族相传之讹》）遗憾的是，近年来出版了好几种并未研究姓氏之学而专讲姓氏溯源的专书与辞典，从古人所编的“大抵多谬误”的“姓氏之书”中抄了大量的诸如“程，颛顼重黎之后”“狄，炎帝参卢后有狄氏”“葛，古葛天氏之裔”之类的材料，给了读者大量的“尤为可笑”的知识。这种态度是不负责任的、不可取的。

我们在前面说过，秦汉以后，我国的姓氏制度基本稳定，当时使用的姓氏，基本上沿用至今。但是在姓氏的使用方面，古代与今天颇有一些不同，这是学习与研究古代文化的同志必须要了解的，这些不同主要表现在以下几点。

一　姓氏与门第

在今天，无论姓什么，相互之间不会因姓的不同而有高下之分。可古代有很长一段时期，不同的姓之间是要分等级的。这种情况产生于汉代。

在汉代经济繁荣发展的基础上，一些地主、商人、官僚的财富迅速增长，在东汉时形成了一批被称为“豪族”“强宗大姓”的巨富，他们常常“连栋数百，膏田满野，奴婢千群，徒附万计”，在政治上权力日渐增大。同时，在官吏队伍中也产生了少数“门生故吏遍天下”的累世公卿之家，如四世三公的弘农杨氏，四世五公的汝南袁氏。上述两种力量结合起来，就形成一批并非贵族之后的新兴的世家大族，他们有很高的社会地位，门高势重，被称为“门阀”“士族”。在东汉用“察举制”选拔官吏的制度下，他们很容易进入仕途，如仲长统《昌言》所说“选士而论族姓阀阅”；王符《潜夫论·交际》所说“贡荐则必阀阅为前”。东汉末年的军阀争战中，这些世家大族往往成为某一势力的支柱，如江东的孙氏就是“外仗顾、陆、朱、张”四姓（《三国志·吴书·陆凯传》）而建立了东吴政权，四姓人物也就有不少成了东吴的大臣。到了魏晋南北朝时期，又以“九品中正制”选拔官吏，各州郡的大小“中正”往往掌握在世家大族之手，更造成了“上品无寒门，下品无势族”（《晋书·刘毅传》）的局面。这样，各地陆续出现了一些高门大户，如上述江东吴郡的顾氏、陆氏、朱氏、张氏，北方的琅玡王氏、陈郡谢氏、清河崔氏、范阳卢氏、荥阳郑氏、太原王氏、颍川荀氏和陈氏、平原华氏、东海王氏、山阳郗氏、河东裴氏和卫氏、扶风苏氏、陇西李氏、京兆杜氏等，都成为高人一等的豪门大姓。在上层人士之间也就逐渐形成了修族谱、讲门第的风尚，严格地“别贵贱，分士庶”，“有司选举，必稽谱籍，而考其真伪”（《新唐书·柳冲传》）。甚至以国家法令规定士庶之间不得通婚。每一郡中的“望族”被称为“郡望”，长期受到尊重。唐太宗时由中央政府出面重修《氏族志》，共列入“氏族”即豪门大姓二百九十三姓，一千六百五十一家，其中又分为三则九等，太原王、范阳卢、荥阳郑、清河博陵二崔、陇西赵郡二李等五姓七家又是望族中的望族。《西厢记》中的崔莺莺是博陵崔氏之女，出身望族，故而老夫人宁肯食言毁约，也不愿将她许配给无门望的张生，而要许婚给郑家，这正是唐代五姓七家"恃其族望，耻与他姓为婚"（《刘悚《隋唐嘉话》）的真实写照。

上述这种讲究门第、姓分贵贱的风尚，起于东汉，迄于唐末，是古代姓氏制度发展中的一段十分特殊而不愉快的阶段。此风在"五代以后则荡然无存，人亦不复问此"（《日知录·取妻不取同姓》）。

二　改姓

今天每个人的姓是固定的，不能更改（化名、笔名等不算改姓，因为只关涉个人的临时需要），而古人的姓在一定情况下是可以更改的。大约有如下几种情况。

一、汉代是姓氏合一的初期，绝大多数的姓都来自过去的氏，因为氏是可以更改的（如商鞅本是卫国人，故以卫为氏，称卫鞅；他是公室子孙，故又以公孙为氏，称公孙鞅；后来被封于商，故又以商为氏，称为商鞅），所以汉代改姓的情况比较多，如京房本姓李，灌夫本姓张，夏侯婴的子孙改姓孙，等等。

二、进入中原的少数民族在民族融合中改用汉姓。汉代一些匈奴贵族曾改姓刘、呼延、卜、蓝、乔等，又北魏孝文帝改制时，大量的鲜卑族改为汉姓，唐代中亚地区“昭武九姓”等少数民族改为汉姓，如康、安、米等，在《通志·变夷》中有大量的南北朝到唐代的改汉姓的实例。辽、金、元、清几朝，大量少数民族入居中原，改汉姓者几乎无时不有，清代的满族后来几乎全部改成了汉姓。

三、封建帝王对有功之臣赐姓，即使之改为与皇族同姓。刘邦曾赐娄敬和项羽的后代姓刘，唐初赐徐勣等一批功臣姓李，金代将一大批臣下赐姓完颜，南明隆武帝赐郑成功姓朱，等等。赐姓还有一种类型，不是赏功，而是受罚，被强迫改为恶姓，这又称为“贬姓”，例如武则天就曾迫使她的政敌改姓蝮、虺、蟒、枭等。不过他们在贬姓风波之后，大多又恢复了原姓。

四、为了避祸而改姓。西汉末年疏广之后人为避王莽之害而改姓束，三国时聂辽因避仇而改姓张，等等。

著名学者闻一多先生本是文天祥旁系之后，是元代初年文天祥旁系后人潜逃至蕲水永福，改姓为闻的。据陕西韩城世代相传的传说，司马迁下狱受辱之后，家乡韩城同族之人不敢再姓司马，有的改司而姓同，有的改马而姓冯，如今韩城姓同、姓冯者，即汉代司马氏之后。

三　从母姓

自周秦以来，人之姓皆从父，但古代偶尔也有从母，乃至从外祖母者，古人称之为“冒姓”。这种情况在汉晋为多，故而王符在《潜夫论·志氏姓》中就说过有“或从母姓”的。如扶柳侯吕平（吕后长姊吕长姁之子）等。从已见到的一些从母姓的例子来看，从母姓的主要原因是母家门高权重，当时又讲究门第，故而就按“《春秋》之义，子以母贵”（《三国志·魏书·公孙瓒传》注引《典略》）的原则行事了。

四　僻姓

古代使用过的姓氏将近八千，而今天常用汉字还不到三千。所以我们在阅读古代文献时往往会见到若干很不像姓的姓，今天已极难见到，古人称之为“僻姓”“希姓”“奇姓”，还有《希姓录》《奇姓通》等书专门搜集。我们对此要有所了解，以免读书时大异不解，产生歧义。例如东、南、西、北，是姓；前、后、左、右，是姓；春、夏、秋、冬，是姓；金、木、水、火、土，是姓；天、地、日、月、星，是姓；父、母、兄、弟、伯、叔、公、婆，是姓；赤、橙、黄、绿、青、蓝、紫，是姓；笔、墨、纸、砚、琴、棋、书、画，是姓；天干地支是姓，从一到十的数字也是姓。限于篇幅，我们不能一一举例。再举两例，即“姓”和“氏”字本身，就是姓。《汉书·货殖传》“临淄姓伟，訾五千万”，颜师古注：“姓姓，名伟。”《三国志·吴书·是仪传》：“是仪字子羽，北海营陵人也。本姓‘氏’，初为县吏，后仕郡，郡相孔融嘲仪，言‘氏’字‘民’无上（按：言“氏”字字形为“民”字无上面一横），可改为‘是’。乃遂改焉。”这两个僻姓都见于正史，应当是可信的。

“名”与“字”

從事郎右警巡院副使馮禎
典　史　謝　欽
大都路令史王居義
右巡院司吏郝天佑
禮部令史刘文彧彥中
供給
典　吏　梁　亨　士元
季　伐賢　戒
造公服
功大夫
部郎中伐濟　公度
部　事韓希孟孝先
部　李士達晉卿
典　吏　齡

《元统元年进士题名录》内页

今天的口语中，仍有“名字”这一概念，但实际上是有名无字。所以今天仍把姓名之名称为名字，是因为古人（严格说，一直到中华人民共和国成立以前）中凡有文化者几乎都是既有“名”，又有“字”。

“名”，是人在社会生活中为了相互区别而又相互联系而对各自的称呼。《说文》：“名，自命也。从口从夕，夕者冥也，冥不相见，故以口自名。”就是说，在共同生活之中，如果白天还可以用手势、动作来表示的话，夜间就只能用声音来表示自己的存在，用语言来交流思想，这就出现了各自的“名”，故而从夕从口会意。《春秋繁露·深察名号》也说：“鸣而施命谓之名，名之为言，鸣与命也。”

我们现在所见到的最早的人名，都是传说中的人物。这些人名，严格来说是族名、公名，而不是人名、私名。这些名都表明一定的特点，正如《礼记·祭法》

所说“黄帝正名百物”，这还是名实相副的，如有巢氏、燧人氏、伏羲氏、烈山氏、轩辕氏等，都反映了一定的历史真实。我国确切的有文字记载的历史是从殷代开始的。殷代的人名见于甲骨文者主要有两类：一是帝王，都以天干之字为名；二是贞人即占卜者（按：此从甲骨学界通行的说法，有少数研究者认为甲骨文中无贞人存在），都是一字的单名，如争、行、韦、大、宾等。他们是如何命名的，现在还不得而知。

到了周代，我们见到的人名就相当多了，而且出现了如何命名的原则。《左传·桓公六年》载鲁大夫申繻就如何给鲁桓公的孩子命名的理论：

> 名有五：有信、有义、有象、有假、有类。以名生为信，以德命为义，以类命为象，取于物为假，取于父为类。不以国，不以官，不以山川，不以隐疾，不以畜牲，不以器币。周人以讳事神，名终将讳之。故以国则废名，以官则废职，以山川则废主，以畜牲则废祀，以器币则废礼。晋以僖侯废司徒，宋以武公废司空，先君献、武废二山，是以大物不可以命。

这段话古人十分重视，在《左传》之后，《礼记·曲礼上》《新书·胎教》《论衡·诘术》中都有相似的论述，可谓古人命名的基本原则。参照其他的有关记载，我们可知这段话的大意是：给人命名有五种方式：出生时上天的授意、出生时的祥瑞之事、出生后的相貌特征、身边的物品之名、与父亲相似的某些特点。命名有六条禁规：本国国名、本国官名、本国山川之名、疾病之名、畜牲之名、礼器礼品之名。所以要这些禁规是为了避讳。当然，上述这些命名原则，在先秦时只能说是基本遵守，也有少许例外。秦汉以后，例外的情况则更多，这是因为秦汉以后对祭祀礼仪的讲究不如先秦严格。

有了上述原则，又在何时命名呢？在出生三个月以后。《仪礼·丧服传》："子生三月，则父名之。"为什么要在三个月之后呢？《白虎通义·姓名》说："三月名之何？天道一时，物有其变。人生三月，目煦亦能笑，与人相更答，故因其始有知而名之。"

关于古人命名，有一点必须指出，就是虽然古人对于如何命名十分讲究，是所谓"名者，序长幼，辨贵贱，别嫌疑，礼之大者也"（唐甄《潜书·名称》）。可我们在读书时却不时可见古代有些人名十分不雅或与传统道德观念完全相背，如虮虱、猪狗、不臣、黑卵、瘸驴、蛣蛆之类。颜之推的《颜氏家训·风操》、王士祯的《池北偶谈·命名》、梁章钜的《浪迹丛谈·丑名》都曾注意到这一现象，而梁章钜认为这些丑名“何至行之仕宦，列之史书……此则真不可解也”。关于这一现象，宋人俞成有所解释，他在《萤雪丛说》卷一中说：“古者命名，多自贬损，或曰愚曰鲁，或曰拙曰贱，皆取谦抑之义也。”据说欧阳修也认为“人家小儿要易于长育，往往以贱物为小名，如狗、羊、犬、马之类”（梁章钜《浪迹丛谈·丑名》）。就是说以种种不雅之名、贱物之名为人名，是求其平安成长。直到今天，民间仍有“命贱才好带”的说法，在取小名时多用“贱名”，应当就是古人遗风。

古人不但有名，而且自周代开始一般还有“字”（这主要在稍有文化者身上）。《说文》释“字”为“乳也”，就是孳乳、孳生，即是在“名”之后新增的称呼。《礼记·檀弓上》：“幼名，冠字。”又《曲礼上》“男子二十，冠而字”，“女子许嫁，笄而字”。就是说，当男子加冠、女子及笄，表示其已经成人，将要正式参加社会交往（女子则主要是出嫁）时，就要在有了“名”之后，再加“字”。为什么要有“字”？《仪礼·士冠礼》说：“冠而字之，敬其名也。”什么叫“敬其名”？唐人孔颖达在为上引《檀弓上》“幼名，冠字”作注时说：“生若无名，不可分别，故始生三月而加名，故云幼名也。冠字者，人年二十，有为人父之道，朋友等类不可复呼其名，故冠而加字。”就是说，当一个人成年之后，由长辈原来所命和多年来被长辈所称的“名”就不便再在社交场合呼来喊去，就得另取一个供平辈或晚辈可以称呼的新名，这是一方面的原因。还有一个方面的原因是古人重视避讳。一个人成年之后，就要参加包括祭祀在内的各种正式的社交活动，在很多场合，人名是要避讳的，这也是得另取“字”的原因。

当我们了解了先秦古礼“女子许嫁，笄而字”的习俗之后，就可以明白何以长期称女子许配或出嫁叫“字人”，称未曾许配的闺女为“待字闺中”了。因为当时是“女子十五许嫁，笄礼之，称字之”（《白虎通义·姓名》）。对女子来讲，成年、及笄、加字、许配，基本上是一回事。

在先秦时期，犹如只有统治阶级中人才讲究氏一样，成年人取字，也是统治阶级中人才有（魏晋之后一些书籍记载了不少先秦人物的字，梁绍壬《两般秋雨盦随笔·古人名字》条收集了二十例，均不可信）。最能说明这一点的例子是秦末汉初刘邦集团中人，其生长于战国末年，他们的姓名情况反映着战国风习。如果将《史记》《汉书》中有关材料排比一下就可见到，刘邦、萧何、韩信、陈平、曹参、周勃、英布、灌婴、樊哙、郦商、夏侯婴、张苍、周昌等人，都只有名，无字（《史记·高祖本纪》说刘邦"姓刘氏，字季"，乃是误载，或是传抄致误，《索隐》已有辨正），因为他们都出身平民。唯独张良字子房，因为他出身韩国贵族。秦汉以后，人们都有了名，也并非都有字。在平民百姓中，一般是读书人才有字的。

我们说一般读书人都有字，也包括女性在内，只是因材料不多，所以很少为大家所注意。我们可以举出一些才女：西汉王嫱字昭君，东汉班昭字惠班、蔡琰字文姬，晋代左芬字兰芝、刘妙容字雅华，前秦苏蕙字若兰，唐代李治字季兰、鲍君徽字文姬、裴淑字柔之、薛涛字洪度、鱼玄机字幼微，宋代谢金莲字素秋，元代管道昇字仲姬、曹妙清字比玉。明清时期材料较多，就不再多举例了。

名只能有一个，因为是祖或父所定，一般都是终身不变的（当然也可以改名）。字多是自拟，故而可变可加。古籍中常见某人字某某，又字某某，就是如此而来。如《三国志·蜀书·关羽传》："关羽字云长，本字长生。"这就是两个字，"云长"后取，也最通行。字多者可多达十几个，如清代著名学者毛奇龄，"字两生，又字大可，又字齐於，又字于，又字初晴，又字晚晴，又字老晴，又字秋晴，又字春迟，又字春庄，又字僧弥，又字僧开，皆杂见集中"（《浪迹三谈·多字》）。

秦汉以来，取名者多用单名，一言；字却常用双名，二言，如诸葛亮字孔明，苏轼字子瞻之类。可是偶尔也有一言或三言为字的。如钱䙆字穆、范祖禹字淳、陶澂字季，这些都是一言字；张天锡字公纯嘏、屈突无为字无不为、傅山字公之佗；等等，这些都是三言字。《浪迹三谈·三字字》和《池北偶谈·一字字》中收集了不少这类材料。特别是南北朝时一些入居中原的少数民族，按华夏习俗命字，常有三言之字，清人陆以湉《冷庐杂识·三字字》中曾对此专门提及。限于篇幅，这里不多举例，只是想向大家指出古人命字有这类较为特殊的现象，今后读书见到时不致感到意外。

先名而后字，字由名而孳生，故古人取字一般都遵循着“名字相应”的原则，即“名”与“字”之间要有一定的联系。正如《白虎通义·姓名》所说：“旁其名为之字者，闻其名即知其字，闻字即知其名，若名赐字子贡，名鲤字伯鱼。”最早自述其名与字并说明“名”与“字”关系的典型例子，是大诗人屈原。他在《离骚》中说：“皇览揆余初度兮，肇锡余以嘉名：名余曰正则兮，字余曰灵均。”按朱熹《集注》：“正，平也。则，法也。灵，神也。均，调也。高平曰原，故名平而字原也。”这种名与字“相应”或“相配”的原则，在古代与近代都长期被遵循，是我们了解古人称谓的一个十分重要的原则，前辈学者对此作过较多的研究，归纳起来，这种“相应”的主要方式有如下几种。

同义互训：如宰予字子我，予与我同义；祢衡字正平，衡与平同义；褚遂良字登善，良与善同义；陆游字务观，游与观同义。

反义相对：如端木赐字子贡，赐与贡反义；韩愈字退之，愈与退反义；朱熹字晦庵，熹与晦反义；赵孟頫字子昂，頫（今俯字）与昂反义。

近义联想：如冉求字子有，由求而有；屈原字平，由原而平；赵云字子龙，由云而龙；苏轼字子瞻，由倚轼而瞻望。

同类相及：如孔鲤字伯鱼，鲤是鱼类；孟轲字子舆，轲是舆上之物；白居易字乐天，乐天方可居易；郑樵字渔仲，樵夫常与渔翁为侣。

原名变化：如谢安字安石，杜牧字牧之，秦桧字会之，谢翱字皋羽，宋濂字景濂。

古语活用：如曹操字孟德，本《荀子》“夫是之谓德操”一语；潘岳字安仁，本《论语》“仁者乐山”一语；陆羽字鸿渐，本《周易》“鸿渐于陆，其羽可用为仪”一语；钱谦益字受之，本《尚书》“谦受益”一语。

追慕古人：如顾祖禹字景范，是表示景仰史学家范祖禹；姚平仲字希晏，是表示景仰晏婴（字平仲）；袁尊尼字鲁望，是表示景仰鲁国的孔子（字仲尼）；颜之推字介，是将晋国的介之推的姓名化为自己的名字，也属追慕。

名、字相同：如司马道子字道子，殷仲文字仲文，王僧孺字僧孺，刘孝绰字孝绰。这种情况起于晋宋，唐以后甚少。

以上几类，以及在每类之中所举的例子，都比较显明易见。其实，古人的名、字相应有不少都比较曲折隐晦，今天颇为难解。例如张良字子房，因为良字之初义乃是最好的居处；刘备字玄德，因为玄字古有全、极之义；焦竑字弱侯，来自《考工记·轮人》“竑其辐广以为之弱”。这些“相应”的关系，今天已不大好了解。此外，如同事物总有例外一样，古代也有少数人的“名”与“字”之间没有任何联系，我们也不必去牵强附会地解释。

了解了古人名、字这种相应的关系，在学习研究中还有若干作用。例如东汉名士范史云，在不同记载中或名冉，或名丹，如果按名字相应的关系去考察，只有“云”可“冉冉而升”，故可知应名为范冉。又如唐代诗人韩偓，在不同记载中或字致尧，或字致元，因为《列仙传》中有“偓佺，尧时仙人，尧从而问道”之载（按：此处所据为《四库全书总目》卷一百五十一《韩内翰别集》案语。今本《列仙传》无“尧从而问道”事。），故可知韩偓应字致尧。再如，关于我国牛耕的起源，文献记载十分缺乏。由于孔子的学生冉耕字伯牛，司马耕字子牛，由是可知至少在孔子之时牛已用于农耕。

在古人的名字中，还有一个很重要的问题是行辈。行指排行，在诸兄弟的名字中要表示出是同辈兄弟，有的还要表示兄弟的先后次序；辈指辈分，就是要在名字中表示上、下辈之间的长幼关系。

古人很早就有在名中表示是同辈兄弟的习俗，最早的材料见于《左传·文公十一年》，长狄有兄弟四人，名为侨如、焚如、荣如、简如，在二字名中都共一个“如”字。到了汉晋时期，就比较常见了，如孔长彦、孔季彦兄弟，袁懿达、袁仁达兄弟。如果是单名，则可共同用一个偏旁，如荀昱、荀昙兄弟都从日旁，刘琦、刘琮兄弟都从玉旁，等等。这种情况越往后越普遍，我们可以从历代帝王的材料来了解，因为只有帝王名字的材料在文献中很清楚地全排列了出来。在整个汉代，帝王名字中均不表示排行，可知汉代此俗尚不普遍。到了三国时，刘禅之子有刘璿、刘瑶、刘琮、刘瓒、刘璩，都从玉，可又还有刘谌、刘恂，又不从玉，可见当时虽有此俗，但不严格。整个魏晋南北朝时期大体都是如此，例如刘宋时，宋武帝之子都讲排行，宋文帝之子却无排行，孝武帝之子又有排行，宋明帝之子又无排行。一直到唐初，还是如此。唐高祖诸子排行用字不严，太宗、高宗诸子无排行，中宗、玄宗之子就都讲究排行了。比较明显的是唐玄宗，他的儿子原来都是双名，如李嗣谦、李嗣直等，以“嗣”为排行；开元十三年他将诸子之名全改为单名，如李鸿、李潭等，都从“水”旁；十年之后，他再次为诸子改名，如李瑛、李琎等，都从“玉”旁。由此可见当时讲究排行已成风习。到了宋代，帝王名就一直都讲排行了。历代帝王家的取名情况，应当视为全社会的一个缩影。

排行除了表现在名字的“名”中，也反映在“字”中。如董卓字仲颖，其弟董旻字叔颖。曹操大将夏侯渊有七子，分别是名衡字伯权、名霸字仲权、名称字叔权、名威字季权、名荣字幼权、名惠字稚权、名和字义权。曹操谋士华歆有三个孙子：华廙字长骏、华峤字叔骏、华澹字玄骏。华廙又有三子：华混字敬伦、华荟字敬叔、华恒字敬则。

在上述的几个例子中，我们可以见到一个有一定规律的现象：用伯、长、仲、叔、季、幼、稚等字来表示兄弟间从长到幼的次序。其实这种情况早在周代就已出现，两周金文中多次可以见到，《左传》中也可见到不少。《仪礼·士冠礼》：“曰伯某甫，仲、叔、季唯其所当。”郑玄注：“伯、仲、叔、季，长幼之称。”《左传·隐公元年》“惠公元妃孟子”，孔颖达《正义》：

“孟、仲、叔、季，兄弟姊妹长幼之别字也。孟、伯俱长也。《礼纬》云‘庶长称孟’，然则適（按：即嫡）妻之子长者称伯，妾子长于妻子则称为孟，所以别適庶也。”例如著名的鲁国三分公室的“三桓”，就叫孟孙氏、仲孙氏、季孙氏。春秋以后，以这些排行用字用在名或字中来表示长幼次序，十分普通。

当我们了解了古人名字中所反映的兄弟排行关系之后，可以由此而弄清古人身世中一些疑问。例如大文豪苏轼，在不少著述中都称他是苏洵之长子，宋代也确有人称他为“苏长公”，其实，他行二，因为从他本字和仲就一望可知。他本有一位兄长苏景先，早卒，他才成了两兄弟中的兄长。

古人在称谓中表示排行最突出的时期是唐代，一般称为“行第”，而且很明白地以数字表示在称呼之中。韩愈有首诗，题为《赴江陵途中寄赠王二十补阙、李十一拾遗、李二十六员外翰林三学士》。这里的王二十是王涯，李十一是李建，李二十六是李程。这类称呼在唐代诗文中几乎随处可见，如李白为李十二，杜甫为杜二，韩愈为韩十八，柳宗元为柳八，白居易为白二十二，元稹为元九，刘禹锡为刘二十八，高适为高三十五，李绅为李二十，张籍为张二十八……不仅用于称人，还用于自称；不仅一般人用，皇帝呼臣僚也用；不仅男性用，女性也用。今天难以理解的是为什么会有“二十二”“三十五”，甚至有叫“李四十八”的，难道一人有几十个兄长？这是因为古人家族观念远较今人为重，普遍都是三代同堂，多的五代同堂，所以在每个人的同父兄弟中有排行，另外同一曾祖父的兄弟还有大排行，即同一曾祖父的兄弟拉通排，姊妹也拉通排。这样，当然就会有“白二十二”“高三十五”出现了。这种风习，不仅古人有，一直到中华人民共和国初期，还有一些家庭是按同一祖父排大排行的，只是不反映在名字中，而反映在亲属称谓中，如“八哥”“十三妹”之类。

附带介绍一下，当我们读唐代诗文时，对“李六”“张十二”之类称呼会不知所指是谁。遇到这种情况，可查岑仲勉先生编的《唐人行第录》一书。

除了在名字中反映排行，大约从唐代开始，又出现了在上一辈与下一辈之间命名时用事先确定的排行字来表示辈分。这就是后来所称的班辈或辈分。最初，很可能是由我国传统的“五行”观念，特别是“五行相生”的观念，即金生水、水生木、木生火、火生土、土生金

五行相生相克图

这种次序开始的。已见到的最早的典型例子是唐玄宗时做过户部尚书的毕构，其弟名毕栩，其子名毕炕，毕炕之子名毕坰、毕增，毕坰之子名毕镐、毕銋、毕錸、毕锐，四代人名偏旁正好是木旁、火旁、土旁、金旁。宋代的例子就多了，例如朱熹一家，父名朱松，子名朱塾、朱埜、朱在，孙名朱钜、朱钧、朱鉴、朱铎、朱铨，曾孙名朱渊、朱洽、朱潜、朱济、朱浚、朱澄，五代人名的偏旁正好是木、火、土、金、水。

有了这种以五行定辈分的办法，使人一望而知是长辈还是晚辈，对古人别尊卑、讲礼仪颇为方便。在这种五字轮回的基础上加以改进，就发展为预先确定若干个辈分用字的办法，这种辈分用字称为“行派”或“字派”。最典型的例子是曲阜孔子后裔，从元代孔子第五十四代孙孔思晦开始，其子辈为“克”字辈，“克”以下定为“希、言、公、彦、承、弘、闻、贞、尚、衍……”孔府陆续制定了子孙行派共五十字，子孙命名均用双名，其中双名前字必用行派，如目前的孔门第七十七代孔德懋、孔德成就是“德”字辈。这种办法不仅民间广为流行，明清两代皇室也按此俗办理。明初，朱元璋为自己的几个儿子都预定了字派各二十字，双名，前一字用字派，后一字按五行偏旁，不准乱用。例如他为朱棣子孙规定的字派为“高瞻祁见祐，厚载翊常由，慈和怡伯仲，简靖迪先猷”。直到崇祯帝朱由检，严格遵照不误。清初，顺治帝未正式公布字派，但康熙诸子命名第一字均用“胤”作排行字，第二字均从“示”旁。雍正帝诸子均用“弘”作排行字，第二字均从“日”旁。到乾隆时，就确定“永、绵、奕、载”四字（这是一句诗的前四字）为近支宗室行派。命名第二字也要用相同偏旁，只是不限五行字而已。到道光时，又在四字之下续“溥、毓、恒、启”四字，咸丰时再续

“泰、闿、增、祺”四字。

上述这种排行辈的办法，宋代以来在大多家族中流行，直到现代。

当在一个人既有名又有字的情况下，其使用则有以下特点。

一、古人“幼名，冠字”，名是从小被长辈呼来唤去，待成年时“冠而字之，敬其名也”(《仪礼·士冠礼》)。所以一般是长辈对晚辈称名，同辈之间称字。这种习惯在战国以前尚不严格，战国以后就成为一种比较严格的礼制，即敬称、尊称、下对上称字，自称、谦称、上对下称名。平辈之间一般都称字，只有很熟悉的朋友之间才称名，否则，“指名道姓”“直呼其名”则是不尊重对方的无礼行为。这种礼仪一直保存到现代。近年来在一些文艺作品（特别是电影电视）之中，对这一点太不讲究，出现了不少失误。

二、古人姓名和名字有时可以割裂，可以省称，特别是在诗文之中，如申包胥只称申包，司马长卿只称马卿，刘牢之只称刘牢等。直到今天，司马迁犹被称为“马迁”，正是古人笔意。

三、古人可以将两人之姓名各取一字来合称。今天合称一般只用姓，如“李、杜”“苏、辛”之类，古人则可用名，也可一用姓一用名，如称管仲、晏婴为“管婴”，称曹参、周勃为“曹勃”，称庄周、贾谊为“周贾”。

四、古人称呼他人，若名字不明，可用“甲乙”代替，如今言张某、李某一般，古代称之为“假名甲乙”。如《史记·万石张叔列传》:“长子建，次子甲，次子乙，次子庆。”又《张汤传》:“汤之客田甲。”对这种“假名甲乙”，我们应有所了解，否则会误以“甲乙”为名。

自称与称人

汉代画像石《邀看比武图》

在人与人之间相互的称谓中，用得最多的是在一般情况下称呼自己和称呼他人的各种称谓。所谓“在一般情况下”，是指无尊卑、上下、雅俗之别，也无专门范围、时间、地点、对象的限制（如有上述情况，就有有关的专门的称谓），是人际之间最通常最广泛的称谓。在现代的语言中，就是“我”“你”“他”这类称谓。现代语言学家称之为人称代词，再细一点，又可分为第一人称代词、第二人称代词、第三人称代词。在古代，这类称谓没有专门的名称或分类，但有一些对某些具体称谓的分析性称呼，如“自称之词”“人我之称”“己所自专之辞”“称人之谓”“称人之辞”“呼旁人之辞”“对谈之辞”“对己之词”等。这里，笔者暂以王夫之在《说文广义》中所称的“自称之词”和“称人之词”简化为“自称与称人”，来总称古代的人称代词，并以“自称”“对称”“他称”来称呼第一人称代词、第二人称代词、第三人称代词。

首先，讨论自称之词。

在现代汉语中作为自称的代词，如果把方言词汇除外，只有一个“我”。可在古代，却比今天多得多。单是古老的《尔雅·释诂》中，就清楚地列出：“卬、吾、台、予、朕、身、甫、余、言，我也。”这里的“甫”与“言”，无法理解。《尔雅义疏》等书有一些牵强附会

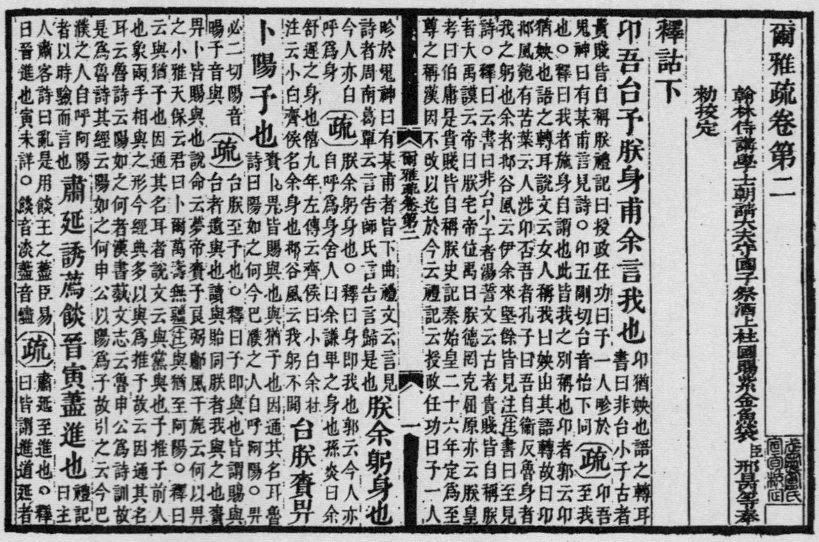
爾雅疏卷第二

翰林侍講學士朝請大夫守國子祭酒上柱國賜紫金魚袋臣邢昺等奉

勅校定

釋詁下

卬吾台予朕身甫余言我也

朕余躬身也

台朕賚畀卜陽予也

肅延誘薦餤晉寅藎進也

《尔雅》内页

的解释，笔者认为都不足信。可是《尔雅》的其他记载却都是恰当的，两千年来，古人的自称之词大体上就是《尔雅》所列者，变化不大。

“余”，早在甲骨文、金文中就已使用，一直用到近代，很常见，这里不再举例。

“予”，与“余”音同义通，使用的时间稍晚于“余”，例如甲骨文、金文中的“余一人”，在《尚书·盘庚上》《礼记·曲礼》中就写作“予一人”。在古文献中，“予”的使用频率比“余”还要高。由于“予”字也很常见，这里也不再举例。

“我”，从甲骨文、金文一直用到今天，不再举例。

“吾”，使用时期晚于“我”，甲骨文和西周金文未见，最先见于列国铜器和石鼓文、诅楚文，但都写作“虞”“遻”“俉”，这几个字都是“吾”的通假字。典籍中则在《论语》《左传》中就已使用，一直用到近代，很常见。有必要指出的是，“我”和“吾”这两个很常见的自称之词，经常同时出现在一句话中，如“吾不得志于汉东也，我则使然。我张吾三军而被吾甲兵”（《左传·桓公六年》）；“衣服附在吾身，我知而慎之”（《左传·襄公三十一年》）；“今者吾丧我”（《庄子·齐物论》）。

这两个自称之词在大多情况下用法一致，其差别主要在于秦汉以前“吾”只能作主语和定语，而不能作宾语（宾语前置的否定句例外，如《论语·先进》“不吾知也”），《庄子》的“今者吾丧我”，就不能写作“今者我丧吾”。直到秦汉之后，“吾”才能作宾语，如“吾度足下之智不如吾，勇又不如吾”（《史记·郦生陆贾列传》）；“今人归吾，吾何忍弃去”（《三国志·蜀书·先主传》）。

“朕”，自秦始皇开始，被用作帝王专用的自称。但在此之前，却是很早就使用的通用的自称。《尔雅·释诂》：“朕，我也。”《史记·秦始皇本纪》：“天子自称曰朕。”《集解》引蔡邕《注》曰：“朕，我也。古者上下共称之，贵贱不嫌，则可以同号之义也。皋陶与舜言‘朕言惠，可底行’；屈原曰‘朕皇考’。至秦，然后天子独以为称。汉因而不改。”宋代王观国《学林》卷五也说：

> 《尚书·伊训》曰“朕载自亳”，此伊尹自称朕也；《洛诰》曰“朕复子明辟”，此周公自称朕也；《离骚》曰“帝高阳之苗裔兮，朕皇考曰伯庸”，此屈原自称朕也；《招魂》曰“朕幼清以廉洁兮，身服义而未沫”，此宋玉自称朕也。秦始皇初并天下，

以命为制，令为诏，自称曰朕。自是惟人君称朕，臣下不敢称也。

他们的论证是正确的。“朕”作为自称，使用很早，如“苟弗灾朕使”（《卜辞通纂》533）、“勿法朕令”（《大盂鼎》铭）、“用作朕皇考龚叔、皇母龚姒宝尊鼎”（《颂鼎》铭）、“朕心朕德惟乃知”（《尚书·康诰》）、“无废朕命”（《诗经·大雅·韩奕》）、“天忘朕邪”（《庄子·在宥》）。在先秦文献中，“朕”的使用有一个很明显的特点，就是在大多数地方都是作定语，很少作主语，更少作宾语。秦汉以后才较多地用于主语，但仍少用作宾语。

“台”，不读tái，而读yí，作为自称之词，主要使用在东周时期的青铜器铭文之中，而且字形多用变体，用法多作定语，如“永保台身”（《徐王义楚鍴》铭）、“女敬恭台命”（《叔夷钟》铭）、“用绍匹台辟”（《晋姜鼎》铭）等，典籍中则很少见。《尚书·汤誓》有“非台小子，敢行称乱”，用于主语，郭沫若在《两周金文辞大系图录考释·徐王义楚鍴》中据此而断定《汤誓》年代不会早，“足证该文实周末人所伪托”，因为金文中都用作定语。《古文尚书·说命上》有“台恐德弗类”之句，也用作主语，可说明《古文尚书》成书之晚。在秦汉以后，用“台”为自称者很少，这里举几例，如《后汉书·班固传》“今其如台而独阙也”，柳宗元《天对》“胡肥台舌喉，而滥厥福”，王禹偁《奠故节度使文》“魂且有知，察台深意”，王夫之《仿符命·绎思》“台有口实而为之函隐”。

“卬”，音áng，主要用于先秦，如“人涉卬否，卬须我友”（《诗经·邶风·匏有苦叶》）；“卬盛于豆”（《诗经·大雅·生民》）；“越予冲人，不卬自恤”（《尚书·大诰》）。秦汉以后偶有用之者，如宋叶适《陈处士姚夫人墓志铭》：“卬须室人，一往不还。”清曹寅《赵北口》诗：“卬能操长楫，击汰向中流。”章太炎认为后来之“俺”即古之“卬”，他说：“《尔雅》：‘卬，我也。’今徽州及江浙间言‘吾’如‘牙’，亦‘卬’字也，俗用‘俺’字为之。”（《新方言·释言》）

“身”，作为自称，见于《尔雅》，但不见于先秦文献，只见于魏晋。故晋人郭璞在为《尔雅》作注时说：“今人亦自呼为身。”如“身是张益德也，可来共决死”（《三国志·蜀书·张飞传》）；“身今日当与君共谈析理”（《世说新语·文学》）；“身不萧洒，君道身最得，身正自调畅”（《世说新语·赏誉》）。魏晋之后偶有用者，如《初刻拍案惊奇》卷二：“身名郑月娥。”

“侬”，本是吴方言，《玉篇·人部》：“侬，吴人称我是也。”魏晋时逐渐流行，但始终属于方言范围，未能在全国普遍使用。在古代文学作品中，以“侬”为自称之词的例子很多，从汉乐府《子夜歌》的“欢愁侬亦惨”，到《红楼梦》中《葬花词》的“侬今葬花人笑痴”，比较习见，这里不多举例。需要指出的是，“侬”不仅用作自称，也可用作对称，如《南史·徐世檦传》：“何世天子无要人，但阿侬货主恶耳。”“侬”还可作为他称或对他人的泛称，故《正字通》谓“侬，他也”；《六书故》谓“侬，吴人谓人侬”。如《南史·王敬则传》：“常叹负情侬，郎今果行许。”汤显祖《牡丹亭·闹殇》：“为着谁侬，俏样子等闲抛送。”

“俺”，北方方言词语，但流行颇广，多作民间俗语。《字汇》：“俺，我也。”《正字通》：“凡称我，通曰俺，俗音也。”隋唐以后开始使用，比较习见，不再举例。俞正燮《癸巳类稿》卷七《复语解》和章太炎《新方言·释言》都认为“俺”是由古之“卬”字演变而来。

“咱”，北方方言词语，流行颇广。《字汇》：“咱，我也。”隋唐以后开始使用，比较常见，不再举例。

“洒”，北方方言词语，隋唐以后开始使用。宋代无名氏《张协状元》戏文第五十出：“你府佥来请洒，洒不去不得。”“洒”很可能是“余”字的演变（详见郝懿行《证俗文》卷一七、章太炎《新方言·释言》）。

上面的“俺”“咱”“洒”，都可以加上一个“家”字，俺家、咱家、洒家，都可以作为自称之词，与“我”同义。如《水浒传》中的鲁智深就既自称“俺家”，又自称“洒家”。称“咱家”者，如孔尚任《桃花扇·抚兵》：“咱家左良玉，表字昆山。”

其次，讨论对称之词。

在现代汉语中，作为对称的代词，也只有一个“你”字，而在古代，同样有好几个对称之词。

“女”，或写作“汝”，这是从甲骨文、金文一直到近代都在大量使用的对称之词，不再举例。

“若”，始见于西周金文，如“若敬乃正”（《大盂鼎》铭）。在先秦典籍中，《诗》《书》均不用“若”，战国以来才大量使用，如“若胜我，我不若胜”（《庄子·齐物论》）；“使若国家蕃昌”（《墨子·明鬼下》）；

“若不趣降汉，汉今虏若，若非汉敌也”（《史记·项羽本纪》）。

“尔”，使用时间稍晚于“女”和“若”，始见于东周金文与《诗经》《尚书》之中，以后使用很普遍，不再举例。需要指出的是，秦汉以来，“汝”和“尔”是平辈之间或对晚辈、对轻蔑者的称呼，不能用作对长辈、对上司的称呼。就是在平辈之间，也多用在双方关系很熟、可以不拘礼节的场合。如果“尔汝”连言，就完全是轻蔑之称或是亲昵之词。如《孟子·尽心下》“人能充无受尔汝之实，无所往而不为义也”，朱熹《四书章句集注》“尔汝，人所轻贱之称”；《北史·陈奇传》“尝众辱奇，或尔汝之，或指为小人”；《续世说·术解》“见公卿，不为礼，无贵贱皆尔汝之”；苏轼《墨君堂记》“凡人相与号呼者，贵之则曰公，贤之则曰君，自其下则尔汝之”。以上是轻蔑之例。《世说新语·言语》“祢衡被魏武谪为鼓吏”，刘孝标注引《文士传》“少与孔融作尔汝之交”；韩愈《听颖师弹琴》诗“昵昵儿女语，恩怨相尔汝”；吴伟业《画兰曲》诗“记得妆成一见时，手拨帘帷便尔汝”。以上是亲昵之例。

“戎”，《诗经》中就已使用，如“戎虽小子，而式弘大”（《诗经·大雅·民劳》）；“缵戎祖考，无废朕命”（《诗经·大雅·韩奕》）。郑玄《笺》：“戎，犹汝也。”《文选》载晋代陆机《答贾长渊》诗：“诞育洪胄，纂戎于鲁。”李善注引郑玄曰：“戎，汝也。”朱骏声在《说文通训定声·丰部》中认为：“戎、汝、若、而，皆一声之转。”不过这个“戎”字后来很少使用。章太炎认为近代吴方言中称“女”为“农”（按：即现在常见的“侬”），

《诗经》内页

就是古代的“戎”。他说：“今江南、浙江滨海之地谓女为戎，音如农。”（《新方言·释言》）这个说法很有道理，因为从已见到的材料看，晋代以后就未见有以“戎”为对称的，而以“侬”为对称则从南朝就开始了。其例已见前文关于自称部分。

“你”，即“尔”之演变，最早见于隋唐人所撰的史书。《北史·李幼廉传》“我教你好长史处，李幼廉即其人也”，又《北齐书·太原王绍德传》“你父打我时竟不来救”，《周书·突厥传》“你能作几年可汗”，《隋书·李密传》“共你论相杀事”，又《许善心传》“我好欲放你”。这以后，主要在口头语言和俗文学中广泛使用，直到近代。赵翼在《陔余丛考·你》条中认为“你字，惟词曲用之，诗文未尝用也”，这是不准确的。只能说诗文中少用，不能说不用，例如唐代诗人罗隐《代文宣王答》诗“吾今尚自披蓑笠，你等何须读典坟”；唐代诗人释寒山《汝谓埋头痴兀兀》诗（按：释寒山诗均失题，见《全唐诗》，今暂以首句为题）：“再三劝你早修行，是你顽痴心恍惚。”诗文中所以少见，因为“你”与“尔”一样，不能用于尊称和敬称。

“你”字流行之后，从宋代以来又出现了“您”字，很可能是“你”的孳乳字。《改并四声篇海》引《俗字背篇》：“您，你也，俗。”《字汇补》：“您，《中原音韵》：‘与你同义，今填词家多用此字。’”如《阳春白雪后集》卷二载元人不忽木《仙吕点绛唇·辞朝曲》“不恋您市曹中物穰人稠”；元人张国宾《合汗衫》第一折“您言冬至我疑春”；关汉卿《五侯宴》第三折“亚子兄弟，唤您来别无事”；《永乐大典》卷四八五《忠传·晏婴》“说您众人有不知俺两家同心的”。在当时，“您”和“你”在使用上并无区别，后来“您”逐渐成了北方方言中称“你”的敬称。

“您”，又通作“恁”。宋人汤玮《建炎德安守御录》“恁也不出来共俺厮杀，我也打恁城不破”，又《西厢记》第二本楔子“我从来斩钉截铁常居一，不似恁惹草拈花没掂三”，马致远《汉宫秋》第二折“恁不去出力，怎生教娘娘和番”，《古今小说·滕大尹鬼断家私》：“爹休忧虑，恁儿一一依爹分付便了。”

“您”，在清代又通作“佇”，如刘鹗《老残游记》第一三回“劳佇驾”，“请佇把门就锁上”。也有写作“你佇”的，如吴沃尧《二十年目睹之怪现状》第七十二回：“你佇来了，久违了！”吴氏自注：“你佇，京师土语，尊称人也。发音时唯用一‘佇’字，‘你’字之音，盖藏而不露者。”其实，“你佇”就是“您”的异写。

“伊’，原来用作指示代词，有如现代的“这”“此”。汉代以后又作人称代词使用，既可表对称，又可表他称。表示对称的如《世说新语·品藻》“勿学汝兄，汝兄自不如伊”；董解元《西厢记》卷二“伊言欲退干戈，有的计对俺先道破”；元代无名氏《马陵道》第三折“我这里吐胆倾心说与伊”。“伊”又作“伊家”，如黄庭坚《点绛唇》词“闻道伊家终日眉儿皱”；高明《琵琶记·南浦嘱别》“娘子，年老爹娘望伊家看承”。

“乃”，是一个很早就使用的对称之词，甲骨文、金文中就已使用，如“乙卯卜，宾贞曰：氏乃邑”（《殷契卜辞》第173号）；“善效乃友正”（《毛公鼎》铭）。典籍中也多有用者，如“古我先后，既劳乃祖乃父”（《尚书·盘庚中》）；“命我众人，庤乃钱镈”（《诗经·周颂·臣工》）；“必欲亨乃翁，幸分我一杯羹”（《汉书·项籍传》）；“家祭无忘告乃翁”（陆游《示儿》）。“乃”字又写作“迺”，如“迺公居马上而得之，安事《诗》《书》”（《史记·郦生陆贾列传》）。需要注意的是，“乃”在古代文献中作对称之

毛公鼎铭文拓片

词时，从来不作宾语，绝大多数情况下都是作定语，如以上所举各例。只在极少数情况下作主语，如“惟乃知民德”（《尚书·君奭》）；“今欲发之，乃肯从我乎”（《汉书·翟义传》）。还需要指出的是，“乃”偶尔又可以作他称之词，如《吕氏春秋·上农》“若民不力田，墨乃家畜”；《红楼梦》第四回：“令其读书识字，较之乃兄，竟高十倍。”故而《经传释词》卷六谓“乃，犹其也”。

“而”，早见于东周金文，如“夙夜宦执而政事”（《叔夷钟》铭）。典籍中也使用得很早，如“且而与其从辟人之士也”（《论语·微子》）；“夫差，而忘越王之杀而父乎”（《左传·定公十四年》）；“此后亦非而所知也”（《史记·高祖本纪》）。《小尔雅·广诂》：“而，汝也。”“而”的用法与“乃”相似，也是只能作主语和定语，不能作宾语。

以上，我们讨论了自称与对称之词，这里有一点必要的说明：古人在自称时，往往用谦称，如臣、仆、鄙人、不才之类。而在称人之时，上述这些对称之词又只能用于平辈之间或用于上对下的场合。若是下对上、卑对尊，在一般情况下是不能以这些对称之词相称的，必须使用各种尊称。关于尊称与谦称，下面有专章论述。

最后，讨论他称之词。

古代的人称代词与今天差别最大的是第三人称，即他称之词。关于这一点，吕叔湘先生早就指出过："严格说，文言没有第三身指称词，'之''其''彼'三字都是从指示词转变过来的。这本是很合理的，可是这三个字没有一个是发育完全的，合起来仍然抵不了白话里一个'他'字，虽然另有胜过'他'字的地方。"（《中国文法要略》第十章）这种说法，今天看来已不太准确，但大体上指出了古代他称之词的主要特点。

在秦汉以前，可以说是完全没有他称之词，如果要表示称呼他人，或者直接称他人的名字，如"齐侯欲以文姜妻郑大子忽，大子忽辞"（《左传·桓公六年》）；或者干脆省略其称呼，如"射其左，越于车下；射其右，毙于车中"（《左传·成公二年》）；或者用指示代词"之""其"来表示。直到秦汉以后，才陆续出现了"伊""渠""他"这几个不完全的人称代词。下面，我们就分别进行讨论。

"之"，这是最常见的他称之词，如"爱共叔段，欲立之"（《左传·隐公元年》）；"吾有老父，身死，莫之养也"（《韩非子·五蠹》）；"生乎吾前，其闻道也固先乎吾，吾从而师之”（韩愈《师说》）。在这些句子中，“之”是指代一个具体的人，是他称之词（但绝不能作主语）。可是“之”又可以作为自称或对称，如“臣迺市井鼓刀屠者，而公子亲数存之”（《史记·魏公子列传》）；“齐王曰：‘寡人不敏，今主君以赵王之教诏之，敬奉社稷以从’”（《战国策·齐策一》）。这里的第一例与第二例的第二个“之”，相当于“我”，是自称。又如“通说范阳令徐公曰：‘臣，范阳百姓蒯通也。窃闵公之将死，故吊之’”（《汉书·蒯通传》）。这里第二个“之”，相当于“你”，是对称。作为代词，“之”不仅用作人称代词，更多的是用作一般的指示代词，可以指代事、物、动物等。此外，“之”不仅是代词，又是动词、介词、连词、兼词、助词、语气词，还用作词缀。所以，“之”在古代只有很少时候用作他称之词，但却又是古代最常见的他称之词。

“其”，和“之”的情况颇为相似。“其”可以用作他称之词，如“百姓多闻其贤，未知其死也”（《史记·陈涉世家》）；“若嗣子可辅，辅之；如其不才，君可自取”（《三国志·蜀书·诸葛亮传》）；“其若见问，当作依违答之”（《宋书·刘劭传》）；“诸偷恐为其所识，皆逃走”(《南齐书·王敬则传》)。在上述例句中，“其”都代表一个具体的人，相当于“他”，故而是他称之词。可是“其”在用作人称代词时，又可表示自称，如“今也父兄百官不我足也，恐其不能尽于大事”(《孟子·滕文公上》);“故敢略陈其愚，唯君子察焉”(杨恽《报孙会宗书》)。“其”又可表示对称，如“足下之贤，虽在穷约，犹能不改其乐”(韩愈《与崔群书》);“足下家中百物，皆赖而用也，然其所珍爱者必非常物”(韩愈《答刘正夫书》)。作为代词，“其”不仅用作人称代词，更多的是用作一般的指示代词，可以指代事、物、动物等。此外，“其”不仅是代词，又是副词、连词，还作为词缀。所以，“其”与“之”一样，在古代只有少数时候是作为他称之词的。

关于“其”，有一点需要指出，金文中的“氒”，典籍中的“厥”，与“其”是通假字，用法相同，这里不再举例。

“彼”，既是指示代词，又可以用作他称之词，如“彼，丈夫也；我，丈夫也。吾何畏彼哉”(《孟子·滕文公上》);“彼来则我与之来，彼往则我与之往”(《庄子·寓言》);“孙子曰：今以君之下驷与彼上驷，取君上驷与彼中驷，取君中驷与彼下驷”（《史记·孙子吴起列传》）。可是，“彼”在更多的场合是作为指示代词，在这种情况下，哪怕是在与“我”、与“己”相对之时，也不能作为他称之词讲作“他”，而只能讲作“对方”“别人”，如“彼竭我盈，故克之”（《左传·庄公十年》）；“知彼知己，百战不殆”（《孙子·谋攻》）。

从上面所讨论的“之”“其”“彼”的情况可以看出，这几个字可以作为他称之词，但其功用严格来说是从指示代词转化，或者说派生、活用而来，而且这三个字在更多的场合并不当作他称之词使用。所以我们说前引的吕叔湘先生在《中国文法要略》一书中关于古代他称之词的论述大体上是正确的。但需要补充的是，在秦汉之后，又出现了几个新的他称之词。

“伊”，如前所述，在先秦、秦汉时都用作助词和指示代词，如《诗经·秦风·蒹葭》“所谓伊人，在水一方”之类。大约从六朝开始，“伊”用作人称代词，既可用作对称，又可用作他称。用他称者，如“使伊去，必能克定西楚”（《世说新语·识鉴》）；“吾见张时，伊已六十”（《南史·陈暄传》）；“我有六兄弟，就中一个恶。打伊又不得，骂伊又不著”（释寒山《我有六兄弟》诗，

154　　中国文法要略

就不能没有纺纱的工人。〔复〕

他们听见说买了蛋糕，就吵着要吃。〔省〕

我们设想第二第三例改用文言来说，就可以利用「之」字，如「布则必有织之者，纱则必有纺之者」，「欲分而食之」。当然也可以省略，如「布则须织，纱则须纺」，「即喧呶索食」。

可是另有些「他」字是空无所指的，如：

管他下雨不下雨，反正我今天不出门。

倒莫如遵着太太的话睡他一天。（儿三五）

之，其，彼

10.32 严格说，文言没有第三身指称词，「之」、「其」、「彼」三字都是从指示词转变过来的。这本是很合理的，可是这三个字没有一个是发育完全的，合起来仍然抵不了白话里一个「他」字，虽然另有胜过「他」字的地方。

「之」字只能用作止词和补词，如：

爱共叔段，欲立之。（左·隐元）

有牵牛而过堂下者，王见之，曰，「牛何之？」对曰，「将以衅钟。」王曰，「舍之……以羊易之」。（孟·梁惠王上）

此迫矣，臣请入，与之同命。（项羽）

阃以内者，寡人制之，阃以外者，将军制之。（史·冯唐传）

须臾，从之者盈三百，翠积脂凝，河水为之不流。（费宫人）

以上五例，三例作止词，两例作补词。第一第三例「之」字代人，第二例代物，第四第五例代事。用白话说，代人的两例无问题的可以用「他」。「牵牛过堂下」的例句里，多半要不用代词（「看见了……放了……换个羊吧），虽然第二个「之」字也未尝不可说「他」（把他放了）。可是第四第五两例就决不能用「他」字。这是「之」字胜过

吕叔湘《中国文法要略》内页

见《全唐诗》)；“我脱却伊绿衫，便与紫著，又常唤伊作陆九”（王谠《唐语林》卷六)；“衣带渐宽终不悔，为伊消得人憔悴”（柳永《凤栖梧》)。

“渠”，本为名词，汉代开始作为他称之词，如“虽与府吏要，渠会永无缘”（《孔雀东南飞》)；“女婿昨来，必是渠所窃”（《三国志·吴书·赵达传》)；“渠笑我在后，我笑渠在前”（释寒山《东家一老婆》诗，见《全唐诗》)；“今宵莫闭户，梦里向渠边”（张鷟《游仙窟》)；“田不曾耕地不锄，谁人闲散得如渠”（杜荀鹤《钓叟》)；“渠虽年幼，性颇慧聪，使渠助为主人，百缗之赠，渠当必诺”（《太平广记·刘贯词》)。

“他”，本作“它”，本义是蛇，先秦时多被用为指示代词，有如今“其他”“别的”“别人”等，并不用作人称代词。从汉代开始用作人称的他称之词，我所见到的最早一例是《后汉书·费长房传》：“还它马，赦汝死罪。”我所见到的直接写为“他”并用作他称比较早的一例是东晋干宝的《搜神记》：“适来饮他酒脯，宁无情乎?”（《搜神记》卷三）此后则陆续有用之者，如“昔边国人不识于驴，闻他说言驴乳甚美”（求那毗地译《百喻经》卷四)。隋唐以降，“他”就日益普遍地使用了。

这里还有一个问题需要加以说明：古人称谓中的自称与称人之词，按现代汉语语法的分类，就是人称代词。人称代词是有单数与复数的，即既有我、你、他，又有我们、你们、他们。可是我们在讨论古代的自称、对称与他称时，只讨论了单数，完全未提复数。这是因为我们这里的研究范围，只包括古代一个个具体的人的各种称谓，而不包括对一群人的种种称谓。

四

亲属称谓

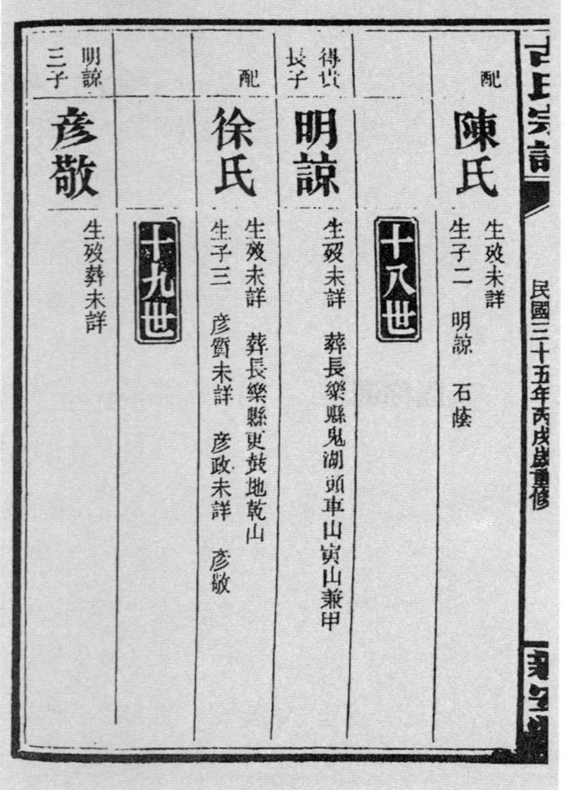
古氏宗譜 民國三十五年丙戌歲重修

配 陳氏 生歿未詳 生子二 明諒 石陸

十八世

得貴長子 明諒 生歿未詳 葬長樂縣鬼湖頭車山寅山兼甲

配 徐氏 生歿未詳 葬長樂縣更鼓地乾山 生子三 彥賢未詳 彥政未詳 彥敬

十九世

明諒三子 彥敬 生歿葬未詳

《古氏宗谱》内页

亲属称谓是对家庭成员及有关亲戚的称谓。要了解亲属称谓，首先必须了解古人心目中关于亲属的范围，因为这是与古代的有关礼制密切相关的重要问题。

在先秦文献中，亲属关系在主体上就是宗法关系，有关的材料繁杂而不可尽信，这里没有必要去清理那一大堆乱麻。我们的讨论大致以秦汉以后的制度为主，并对先秦的情况作必要的回溯。

我国古代的家庭以男系为中心，以宗法制度为基础，把亲属分为宗亲、外亲和妻亲三大类（今日仍有“三亲六戚”之说，一谓“三亲”即来源于此）。所谓“宗亲”，就是指同一祖宗的男性亲属及其配偶，以及未出嫁的女子。宗亲的上下限为九族，即自己上面四世的高祖辈至下面四世的玄孙辈，包括自己一辈，共九辈，是为九族。凡出嫁的妇女即成为夫家宗亲成员，拜夫家祖宗，不再是自己亲生父母所在宗族之人。此外，如果在礼制上已属于宗亲，虽无血统关系也无妨，如继子与继父之间、庶子与嫡母之间，公婆与媳妇之间、妯娌之间等，都因父权或夫权中心的纽带而成为宗亲。宗亲是亲属关系的主体。所谓“外亲”，是指女系血统的亲属，如母亲、祖母、姑母、姐妹、女儿、侄女、孙女的血亲，都属于外亲。外亲的范围比宗亲窄得多，例如母亲的血亲只包括三世，即母亲的兄弟姐妹，上推到母亲的父母，下推到母亲的兄弟姐妹的子女，这个范围之外就都不属于亲属。所谓“妻亲”，是指妻子的血亲。妻亲的范围更窄，严格来讲只包括妻子的父母（我们在下面的论述实际上是超过了古人“妻亲”的范围）。

以上“三亲”范围内的这许多亲属，古代又按亲疏原则分为五等，现代学者称之为“亲等”。其区分的方法是以周代贵族在不同亲属死后所穿不同的丧服来区分的，即斩衰（音cuī）、齐衰、大功、小功、缌麻五等，例如父亲为斩衰、母亲为齐衰、从兄弟为大功、祖父之兄弟为小功、曾祖父之兄弟为缌麻。古代经常以这些名称来表示不同亲疏的亲属，如《大明律·斗殴》规定：“若尊长殴卑幼，非折伤勿论。至折伤以上，缌麻，减凡人一等，小功，减二等，大功，减三等。”古

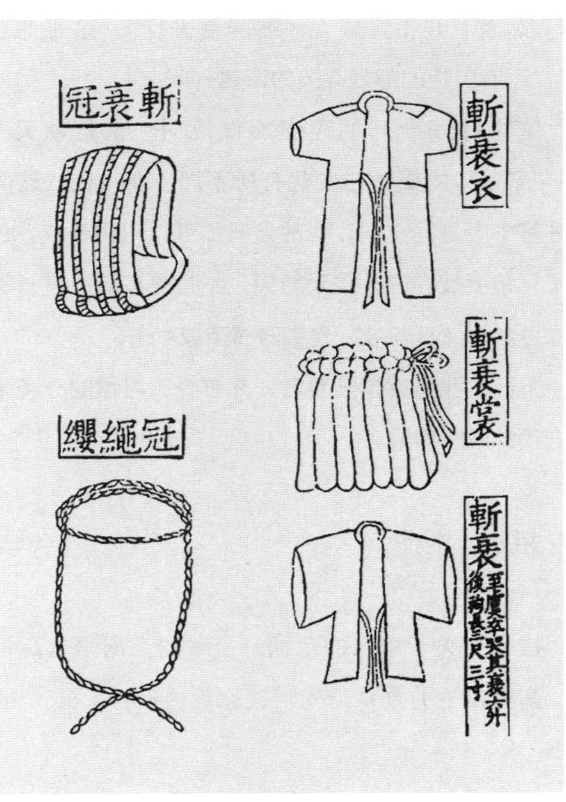

斩衰衣裳冠

代也经常以这些名称来代称有关的亲属，如李密《陈情表》“外无期功强近之亲，内无应门五尺之童”；杜甫《遣兴》诗“共指亲戚大，缌麻百夫行”。这里的“期功”“缌麻”指的都是有关的亲属。

这里有一个问题应当加以说明，就是今天“亲属”“亲戚”的概念与古代有所不同。在古代，这两个称呼基本上是同义词，各种亲属都可以叫作亲戚，包括父子兄弟妻嫂在内。限于篇幅，不打算多谈，有兴趣的同志可参阅《日知录》卷二四《亲戚》条。

下面，我们就择其要者，并按今天习惯的分类来讨论古代的亲属称谓。

一　祖辈

按古代关于宗亲的范围，祖辈的亲属是从高祖开始。高祖以上的直系祖先则被称为远祖、先祖、先人、鼻祖（鼻，始也）。

“祖父”，最初见于《仪礼·丧服》，其后多见，又被称为“王父”，《尔雅·释亲》又简称为“祖”。“王父”之称早已见于西周金文，如《伯康簋》。典籍则见于《尚书·牧誓》："昏弃厥遗王父母弟不迪。""祖"在古代，广义是指所有父辈以上的男性先辈，狭义则是指祖父。祖父又称"大父"，如《韩非子·五蠹》："大父未死，而有二十五孙。"又称"祖君"，如《孔丛子·居卫》载子思之语"祖君屈于陈、蔡，作《春秋》"，就是指他的祖父孔子。"公"和"太公"在古代是对男性较为广泛的尊称，在亲属称谓中也有几种用法，其中之一是可以作为祖父之称，如《史记·外戚世家》"封公昆弟"，《索隐》："公亦祖也。"又如《后汉书·李燮传》"自太公以来"，李贤注："太公，谓祖父郃也。""翁"与"公"相似，在古代称谓中有多种用法，也用来称呼祖父。《南史·齐废帝郁林王纪》载齐高帝对其孙儿说："若忆翁，当好作。""翁"又作"阿翁"，如《世说新语·排调》中张凭称其祖父为"阿翁"。又作"翁翁"，如唐权德舆《权载之集》卷五〇《祭孙男法延师文》："翁翁婆婆以乳果之奠，致祭于九岁孙男法延师之灵。"又作"太翁"，如陆游《戏遣老怀》诗："稚孙能伴太翁嬉。"今天对祖父最常见的称呼是"爷爷"，可"爷"在古代也是一个用途颇广的称谓。用来称祖父，最早见于《太平广记》卷一一二引南朝齐王琰《冥祥记·史世光》："语祖母曰：'阿爷飞上天，婆为见否?'”称谓“爷爷”却出现较晚，清梁绍壬《两般秋雨盦随笔》卷七《爷爷》条载：

> 今北人呼祖为爷爷。宋燕山府永清县大佛寺内有石幢，系王士宗建，末云“亡爷爷王安、娘娘刘氏”，是称其大父、大母也。则此称自宋时已有之。

“祖母”，最初也见于《仪礼·丧服》，古今通用，如著名的李密《陈情表》就有此称。祖父可以称为大父、王父，祖母也就可以称为大母、王母，如《汉书·文三王传》：“李太后，亲平王之大母也”，颜注：“大母，祖母也。”《尔雅·释亲》“父之妣为王母”，如《南史·刘义庆传》：“岂得以荒耄之王母，等行路之深仇。”

“婆”，这在古代是对成年妇女的很普遍的称呼，也可以用来称祖母。前引《冥祥记·史世光》：“阿爷飞上天，婆为见否?”又称为“阿婆”“婆婆”，如北宋孔平仲《代小子广孙寄翁翁》诗：“婆婆到辇下。”

“奶奶”，是今天的普遍称呼，古代使用较晚。作为称谓，“奶”最早是作为乳母之称，以后又用以称母亲，又作为对已婚妇女的较广义的称呼。《红楼梦》中，凡已婚妇女几乎都可以称作奶奶，而用来称祖母，目前笔者所见到的记载，最早的也正是《红楼梦》第一一九回之中，邢夫人说：“放着亲奶奶，倒托别人去。”

“重慈”，由于古人敬称母亲为“慈”，故而祖母可以称为“重慈”。文天祥《与洪端明云岩书》：“某堂有重慈，今年八十有七。”

附带说一下，古人有妻有妾。若自己的祖母是妻，则称祖父之妾为“季祖母”“庶祖母”“妾祖母”；如果自己的祖母是妾，则称祖父之妻为“嫡祖母”。

对于祖父的兄弟，则称为堂祖父、从祖父、伯公、伯祖、伯翁、叔公、叔祖、叔翁；对祖父兄弟之妻，则称为堂祖母、从祖母、伯婆、伯祖母、叔婆、叔祖母等。不过这些称呼在一般古籍中并不常见，如韩愈《祭李氏二十九娘子文》：“维年月日，十八叔翁及十八叔婆卢氏，遣昶以庶羞之奠，祭于李氏二十九娘之灵。”

二　曾祖辈

“曾祖”即祖父之父，如《晋书·荀勖传》称荀勖为荀爽曾孙，荀爽为荀勖曾祖。“曾祖”“曾祖父”之称始见于《仪礼·丧服》，一直到现代，仍是这类称呼的主干。古代也还有其他称呼，但用得都很少，如“太翁”“曾翁”“曾大父”“大王父”“王大父”“太公”“曾太公”等。比较特殊的是“曾门”，如《新唐书·程袁师传》：“改葬曾门以来，阅二十年乃毕。”这种称呼当与称亡祖、亡父为“大门中”有关（《颜氏家训·风操》：“（祖、父）若没，言须及者，则敛容肃坐，称‘大门中’。”）。

曾祖之妻称“曾祖母”，如清代著名诗人黄遵宪就有《拜曾祖母李太夫人墓》诗。其他称呼还有“曾祖王母”“太奶”，但不常见。较为多见的另一称呼是“太婆”，如宋孔平仲《代小子广孙寄翁翁》诗：“太婆八十五，寝膳近何似？”在上引黄遵宪诗中也有“我生堕地时，太婆七十五”之句。

三　高祖辈

“高祖”，即曾祖之父，古今多称其为高祖父，也有称其为“高祖王父”者，如柳宗元《送从弟谋归江陵序》："吾与谋，由高祖王父而异。"也有称"高门"的，这与上述的"大门中""曾门"相类，如王昶《金石萃编》中的《殷行琛碑》就有"高门平原忠武王孝先"之载。

高祖之妻称"高祖母"，或"高祖王母"，但极少有记载。

需要注意的是，古代对高祖之上的历代远祖也可以称为高祖。早在卜辞中就有"高祖亥"等，陈侯因䶮敦铭文有"高祖黄帝"，《左传·昭公十七年》有"我高祖少皞挚之立"之句。所以《日知录》卷二四《高祖》条谓"高祖者，远祖之名尔"。我们在读书时，应将两种"高祖"加以区别。

四　父母

父母是亲属中最重要的亲属，在有些场合往往要父母并称。除"父母""双亲""二老""爹娘"等古今通用者外，父母在古代的合称还有"高堂"，如陈子昂《宿空舲峡青树村浦》诗："委别高堂爱，窥觎明主恩。""严君"，如《易·家·彖传》："家人有严君焉，父母之谓也。”“亲”，如《孟子·尽心上》：“孩提之童，无不知爱其亲者。”或称“尊亲”“严亲”“二亲”“两亲”，不再举例。“亲戚”，如《史记·五帝本纪》：“尧二女不敢以贵骄，事舜亲戚，甚有妇道。”“闱”，本指内室，引申为双亲，如“亲闱”“重闱”“庭闱”，如曾巩《洪州谢到任表》“抚临便郡，获奉于亲闱”；吴澄《送国子伴读倪行简赴京》诗“出门恻恻重闱远，前路漫漫万里赊”；杜甫《送韩十四江东觐省》诗“我已无家寻弟妹，君今何处访庭闱”。此外，在文人笔下对父母的代称还有“所生”（语出《诗经·小雅·小宛》“毋忝尔所生”）、“怙恃”（语出《诗经·小雅·蓼莪》“无父何怙，无母何恃”）、“椿萱”（详后）等。

古代对父亲的称呼较多，重要的有：

“父”“父亲”，古今习见。

“公”，《广雅·释亲》：“公，父也。”《战国策·魏策一》：“其子陈应止其公之行。”又作“阿公”，如《南史·颜延之传》“又非君家阿公”；又作“太公”，如刘邦就称其父为太公。要注意的是，“公”在古代不仅用于称父亲，也可称祖父，而更多的是用作对男性广义的尊称。

“翁”，其用法与“公”相近。《广雅·释亲》：“翁，父也。”如《史记·项羽本纪》：“吾翁即若翁，必欲烹而翁，则幸分我一杯羹。”

“尊”，如《宋书·谢灵运传》：“阿连才悟如此，而尊作常儿遇之。”若称“二尊”，则是指双亲，如“小子羲之敢告二尊之灵”（《晋书·王羲之传》）。“尊”又作“家尊”，如《晋书·王献之传》：“君书何如君家尊?”称对方的父亲则称“令尊”。令者善也，古人凡对对方表示尊敬，均对于一般称谓之上加一个“令”字，如令堂、令兄、令正（指对方之妻）、令弟、令子、令郎、令爱、令嗣、令坦等，以下不再一一介绍。

“大人”，本为下对上的敬称，也可用作父亲之称，如《史记·越王句践世家》：“今弟有罪，大人不遣。”

“君”，本是古人广义的尊称，对自己的父亲则可称“家君”，如《西京杂记·成帝好蹴踘》“家君作弹棋以献，帝大悦”。对别人之父则可称“大君”“尊君”“尊大君”，如《三国志·魏书·董昭传》“足下大君昔避内难，南游百越”；《世说新语·方正》“尊君在不”；《晋书·谢鲲传》“尊大君岂惟识量淹远”。附带在这里说明一下，“尊”作为古代常见的敬称用语，凡对比自己年长者均可加“尊”字作为敬称，就以对别人的父亲而言，除“尊君”，还有“尊公”“尊翁”“尊大人”“尊府”“尊甫”“尊侯”等，这里不再举例。

“严”，前面已经谈到，《周易》中称父母为“严君”，古人又一直有严父慈母之说，如《晋书·夏侯湛传》“纳诲于严父慈母”，故而常称父为“严”，称母为“慈”，故而“家严”“严君”“严亲”等都用作父亲之称。李白《忆旧游寄谯郡元参军》诗“君家严君勇貔虎，作尹并州遏戎虏”；司马光《送王殿丞知眉山县》诗“畴昔侍严亲，俱为彩服人”。

“爷”，在古代是对成年男子较广义的称呼。前面已经谈到，从宋代开始用作对祖父之称，但早在魏晋南北朝时就用作对父亲之称，或写作“耶”。《玉篇》：“爷，俗作父耶字。”如古乐府中著名的《木兰诗》：“军书十二卷，卷卷有爷名。”《南史·王绚传》又称“耶耶”，同书《侯景传》中又称“阿爷”。以后常有用者，至今在某些方言中仍有称父为“爷”的。

“爹”，本是方音，从魏晋时期开始作为对父亲之称，《广雅》与《玉篇》都谓“爹”为“父也”。在文献中则首见于《南史·梁始兴王憺传》：“始兴王，人之爹。”以后或称为“爹爹”，如《续传灯录·归宗可宣禅师》:“爹爹妈妈,明日请和尚斋。”宋代就已普遍使用,宋人庄绰《鸡肋编》卷上:“至呼父为爹,谓母为妈,以兄为哥,举世皆然。”

“爸”,早在《广雅》《玉篇》中就释为“父也”。王念孙在《广雅疏证》中认为:“爸者,父声之转。”古人在书面语言中的“父”,在口头语言中就是“爸”,二字古音相通。《集韵》则认为“吴人呼父曰爸”;《正字通》也说“夷语称老者为八八,或巴巴,后人因加父作爸字”。

“老子”,我们在《前言》中已经说过,是一个古今口语中都使用的常见称谓,往往用作父亲之称。《宋书·潘综传》“老子不惜死,乞活此儿”;《老学庵笔记》卷一“西陲俚俗谓父曰老子,虽年十七八,有子,亦称老子”。

“椿”,是文人笔下常见的对父亲的敬称。《庄子·逍遥游》:“上古有大椿者,以八千岁为春,八千岁为秋。”故而“椿”或“椿年”成为后人对长寿之人的代称。《论语·季氏》载孔子的儿子伯鱼“趋而过庭”,接受孔子教诲。于是,后人遂将“椿”与“庭”合起来,作为对父亲的代称,如明代朱权在《荆钗记》第二出中，就有“不幸椿庭早逝”之语。由于古代又以“萱”为母亲的代称（详后），所以就以“椿萱”或“萱椿”作为父母的代称。唐人牟融《送徐浩》诗“知君此去情偏切，堂上椿萱雪满头”；《牡丹亭·闹殇》“当今生花开一红，愿来生把萱椿再奉”；《琵琶记·伯喈夫妇上路回乡》“他椿庭萱室齐倾弃，怎不想家山桃李”。

对母亲的称谓，最常见的就是“母”，甲骨文中就已使用，一直用到现代。需要注意的是，长期以来，“母”既作为母亲之称，又作为对成年妇女的泛称，如《史记·淮阴侯列传》中的“诸母漂，有一母见信饥，饭信”，就是后者。

在古代对母亲的称谓中，大多数都和“母”相似，即既用作对母亲的专称，又用作对成年妇女或老年妇女的泛称。这些称谓之中较重要的有：“婆”，如汉乐府《折杨柳枝歌》“阿婆不嫁女，那得孙儿抱”；《魏书·汲固传》中写李宪为汲固所养，“恒呼固夫妇为郎婆”。“娘”，或写作“孃”，如《南史·齐竟陵文宣王子良传》“娘今何处，何用读书”；《木兰诗》“不闻爷娘唤女声”。又称为“娘娘”，如唐敦煌变文《目连冥间救母变文》：“娘娘得吃食与否？”“媪”，如《韩非子·外储说右上》“薄疑归，言之媪也”；《汉书·高帝纪下》“追尊母媪为昭灵夫人”。“姥”，如汉乐府《琅琊王歌辞》“公死姥更嫁，孤儿甚可怜”；《广韵》“姥，老母”。

“大人”，本是广义的尊称，也可用来称母亲。《汉书·淮阳宪王刘钦传》“王遇大人益解”；《后汉书·范滂传》“惟大人割不可忍之恩，勿增感戚”。

“妈”，这是今天最通行的称呼，可在古代却用得不多。《广雅》和《玉篇》均释“妈”为“母也”。方以智在《通雅》中认为妈、姥等“皆母之转也”，这是可信的。上引《鸡肋编》说“谓母为妈”是“举世皆然”，可文献材料中却见之甚少，这很可能是其多用于口语的缘故。在文献中见得较多的是“妈妈”，如上引《续传灯录》卷七《归宗可宣禅师》“爹爹妈妈，明日请和尚斋”；宋人汪应辰《祭女四娘子文》“爹爹妈妈以清酌、时果、庶羞之奠祭于四小娘子之灵”。不过，和关于母亲的其他称谓相同，“妈”“妈妈”仍然是成年妇女的泛称。

“慈”，与称父亲为“严”一样，是对母亲的一种敬称。谢朓《齐敬皇后哀策文》“闵予不祐，慈训早违”；王安石《寄虔州江阴二妹》诗“庶云留汝车，慰我堂上慈”。在更多的场合，“慈”前常加一个限制词，如“家慈”“先慈”等。

“家（音gū）家”和“姊姊”，这是中古时期对母亲的两种特殊称呼。“家家”，只用在南北朝时期，而且主要用以称嫡母。《北齐书·琅琊王俨传》：“有缘更见家家，无缘永别。”或作“阿家”，如《南史·范晔传》：“愿阿家莫忆莫念。”“姊姊”也主要用于南北朝，如《北齐书·文宣李后传》：“儿岂不知耶，姊姊腹大，故不见儿。”据刘知几在《史通·杂说》所载，“如今之所谓者……呼母云姊”，可见唐人仍偶有此称。宋人叶绍翁在《四朝闻见录》中说宋高宗称其母韦太后为“姐姐”，很可能是过去称“姊姊”之余绪。上面这几种特殊的称呼，从目前所见，都在皇族的小范围内。《北齐书·南阳王绰传》：“绰兄弟皆呼父为兄兄，嫡母为家家，乳母为姊姊，妇为妹妹。”这与唐代宫中称父为“哥哥”一样，很可能都是只在宫中使用的皇族特殊称谓，宋代以后不再有记载。

“萱堂”“堂萱”，是文人常用的对母亲的敬称。“萱”即萱草，其花蕾即今之金针菜或黄花，古人认为其是可以忘忧之草。《诗经·卫风·伯兮》“焉得萱草，言树之背”，毛《传》：“萱草令人忘忧。背，北堂也。”北堂是母亲所居之处，故而后人就以“萱堂”为母亲所居的代称。宋叶梦得《再任后遣模归按视石林》诗：“白发萱堂上，孩儿更共怀。”又用为对母亲的敬称，如范成大《致政承奉卢君挽词》：“眼看庭玉成名后，身及堂萱未老时。”不仅以“萱堂”称母，还可以因为“北堂”而简称为“堂”，如陆士衡《赴洛二首》就有“感物恋堂室，离思一何深”之句。这里就是以“堂”代称母，以“室”代称妻。后世常用的“令堂”“尊堂”“堂老”，就是由此而来。

古代礼俗允许一夫多妻制，官绅人家纳妾乃是普遍现象。在这些家庭的子女就不止一个母亲，也就有了若干有关的称呼。“生母”“本生母”，这是称自己的生身母亲，如《宋书·谢瞻传》：“年数岁，所生母郭氏，久婴痼疾。”如果自己的生母是妾，则只能称为“亲母”，而不能称为“生母”，同时称父亲的正妻为“嫡母”。《后汉书·清河孝王庆传》：“留庆长子祐与嫡母耿姬居清河邸。”如果自己是父亲的正妻所生，则称父亲之妾为“庶母”“少母”“诸母”“妾母”，宋代还有个特殊的称呼叫“支婆”。此外，无论自己生母是父亲的妻或妾，对父亲的妾（包括自己的生母）都可以称为“姨”“阿姨”“姨姨”，《红楼梦》中的众位“姨娘”、近代所称的“姨太太”，都是由此而来。

如果自己的母亲去世、离异或被父辈所逐出，则称父亲续娶之妻为继母、继亲、后母、假母、续母。如果自己的母亲离家之后还能相见，则称为“出母”，《礼记·檀弓上》的“孔氏之不丧出母”，就是指此。

关于父母的称谓，还有一个问题应当注意，就是古代常有“义父”“义母”“义子”。所谓“义父”，就是在自己的父亲之外再拜认某人为父，这个“义”字有外加、假、代、自愿等义。这种“义父”“义子”关系的确立，从目前所见材料，起源于魏晋，其中有两种情况。第一种是主要的，就是自己自愿或奉父母之命拜认某人为“义父”“义母”，自己愿作“义儿”“义子”（或称“义男”“义息”）。《洛阳伽蓝记·景兴尼寺》记汝南王崇敬隐士赵逸，“拜为义父”，又宋人孙光宪《北梦琐言》卷五“李昌符之败，因令求访周氏，既至，以义母事之”，《魏书·萧衍传》“因请香火为作义儿”。唐末五代时，军人收养义儿成风，乃至有“义儿军”，《新五代史》有《义儿传》。第二种情况是朋友之间先结成“义兄弟”，然后相互称对方父母为“义父”“义母”，同时“义兄弟”之子女也称诸“义兄弟”及其妻为“义父”“义母”（这种情况所称的“义父”，还有称“丈人”的）。《北齐书·渔阳王绍信传》：“乃与长命结为义兄弟，妃与长命妻为姊妹。”到了明代，就出现了“干爹”“干爷”“干娘”“干儿”的称呼，如《水浒传》第四五回“干爷多时不来，试尝这酒”；明人文林《琅琊漫钞》“赵氏干娘，高皇义父之妻也”；《二十年目睹之怪现状》第一〇二回“一向干爹、干妈、干女儿叫的十分亲热”。

五　与父亲相关亲属

父亲的兄弟及其妻室，可统称“诸父”“诸母”。《诗经·小雅·伐木》“既有肥羜，以速诸父”，《史记·高祖本纪》“沛父兄、诸母、故人日乐饮，极欢”。父之兄还可称为“世父”，如《汉书·王莽传上》：“世父大将军凤病，莽侍疾。”不过在更多的场合是称“伯父”“叔父”“伯母”“叔母”，或简称“伯”“叔”。《颜氏家训·风操》：“古人皆呼伯父、叔父，而今世多单呼

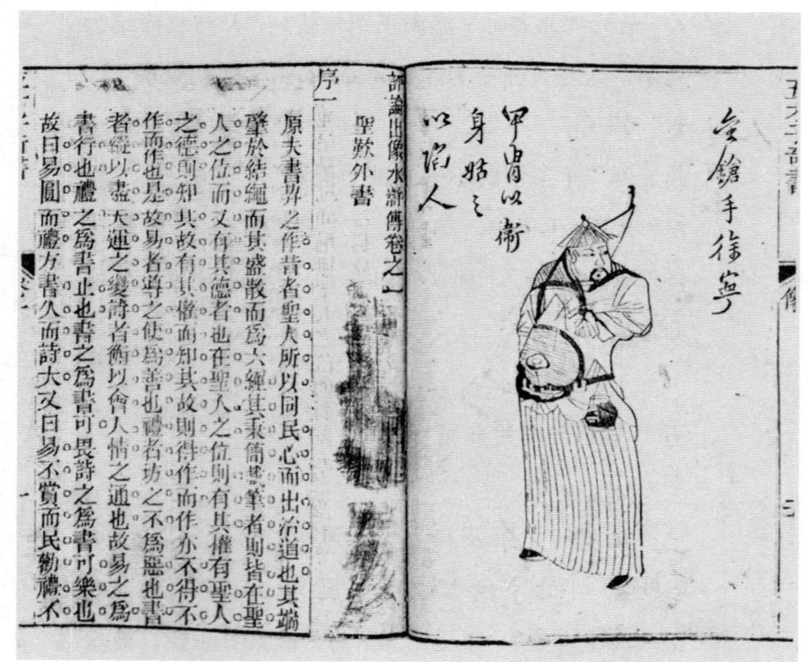

五才子書

評論出像水滸傳卷之一

聖歎外書

序一

原夫書契之作昔者聖人所以同民心而出治道也其端肇於結繩而其盛散而爲六經其秉簡載筆者則皆在聖人之位而又有其德者也在聖人之位則有其權有聖人之德則知其故有其權而知其故則得作而作亦不得不作而作也是故易者尊之使爲善也禮者坊之不爲惡也書者縱以盡天運之變詩者衡以會人情之通也故易之爲書行也禮之爲書止也書之爲書可畏詩之爲書可樂也故曰易圓而禮方書久而詩大又曰易不賞而民勸禮不

清刊本《评论出像水浒传》内页

伯、叔。”这些称呼与近代无异，不再举例。只是古人偶尔有将几个叔父及其妻室按伯、仲、叔、季的排行次序，分别称为“仲父”“叔父”“季父”“季母”之类。《史记·项羽本纪》“其季父项梁”，韩愈《祭十二郎文》“季父愈”，《三国志·魏书·辛毗传》注引《世语》中，羊祜就称季父羊耽之妻辛宪英为“季母”。

在古人有关伯父、叔父的称谓中，有一点与近代有较大的不同，就是因为伯、叔均可称为诸父，故而自己与伯、叔可以共称为“父子”，而在今天则只能称为“叔侄”。如《汉书·疏广传》“父子并为师傅，朝廷以为荣”，这里指的是疏广与疏受叔侄俩；《晋书·谢安传》“安以父子皆著大勋”，这里指的是谢安与谢玄叔侄俩；《资治通鉴·晋安帝隆安二年》“以子拒父犹可，况以父拒子乎”，这里指的是慕容德与慕容宝叔侄俩。清人孙志祖在《读书脞录》卷六指出：“古人称叔侄亦曰父子……晋以后则罕见矣。”这是值得我们注意的。

近代对伯母、叔母多称为“婶”，这在古代使用较晚，字书中始见于《集韵》，文献中最早见于北宋诗人王令的诗句“阅女当求婶”，以及南宋初年王楙《野客丛书·前辈与叔手帖》：“前后皆云弼再拜几叔几婶。”

以后就常见使用，或作“婶子”“婶娘”“婶婶”。张耒在《明道杂志》中认为“婶”是“世母”二字合音；钱大昕在《恒言录》卷三中认为“婶”是“叔母”二字合音。后者要更合理一些，因为宋代开始，“婶”同时又作为对弟媳妇之称，如《水浒传》中孙立就称弟媳顾大嫂为“婶子”。

父亲的叔伯兄弟可统称“从父”，又可分别称为“从伯”“从叔”。《南史·张裕传附张绪传》中，张绪就有叔父张镜、从伯张敷、从叔张畅。

父亲的姊妹，《尔雅·释亲》中就称为“姑”，沿用至今。又可称为“诸姑”“姑姊”“姑妹”，如《列女传》卷五中有鲁义姑姊、梁节姑姊。已婚者一般都称为“姑母”“姑妈”，与今一致。与今不同的是偶尔也称“姑娘”，如关汉卿《玉镜台》第一折：“止有一个姑娘，年老寡居。”要注意的是，“姑”在古代用作称谓的地方较多，我们要注意区别，如妇女对丈夫之母称姑、对丈夫之妹称小姑之类。

姑母的丈夫，称为“姑父”“姑丈”，与今无异。不同的是又可称为“姑婿”“姑夫”，如《北史·高隆之传》“或曰父幹为姑婿高氏所养”；《三国志·蜀书·李恢传》“姑夫爨习为建伶令”。

姑母之子女称为“表兄弟”“表姊妹”，与今同，不再举例。为了与舅父、姨母之子女相区别，则称为外表，如《后汉书·来歙传》“陛下之外兄也”；《宋书·傅僧祐传》“祖父弘仁，高祖外弟也”。

六　与母亲相关亲属

母亲之父，称为“外祖父”，与今同。又称为“外翁”，如元稹《答友封》诗：“扶床小女君先识，应为些些似外翁。”又称“外大父”，如宋张耒《寄杨道孚》诗：“君家外大父，听狱代其忧。”又称为“家公”，《颜氏家训·风操》：“河北士人皆呼外祖父母为家公家母。”这种称呼至今仍保存在西南方言之中。又称为“老爷”，如沈榜《宛署杂记·民风二》“外甥称母之父曰老爷”，这种称呼至今仍保存在北方方言中。

母亲之母，称为“外祖母”“外婆”，与今同。又称为“姥姥”“老老”，如《红楼梦》第六回：“我的老老，告诉不得你呢。”或称为“嫽嫽”，《正字通》：“今北人称外祖母为嫽嫽。”北方方言至今仍称姥姥。

母亲之兄弟，古今均称“舅”。《尔雅·释亲》：“母之昆弟为舅。”在不同场合，可加上一些修饰或补充性文字，如“舅氏”“舅父”“嫡舅”“元舅”“堂舅”等。今天一般所称的“舅舅”，则早见于宋代，如文天祥《与方伯公书》：“天祥百拜，覆梅溪尊舅舅。”

舅父之妻称舅母，与今同。从宋代开始还称为“妗”，或作“妗子”“妗娘”“妗妗”“妗氏”。《集韵》：“俗谓舅母曰妗。”如宋孟元老《东京梦华录·娶妇》“先媒氏请，次姨氏或妗氏请”；洪迈《夷坚志·丙志·张五姑》“闻妗妗至，去矣”。张耒在《明道杂志》中认为“妗”是“舅母”二字合呼，可从。

要注意的是，古代称舅的称呼较多，如妇女称丈夫之父、男子称妻子之父和妻子之兄弟、周天子称异姓诸侯、诸侯称异姓大夫等都可称舅，我们要注意加以区别。

母亲的姊妹，先秦时称为“从母”，秦汉以来则称为“姨母”。《释名·释亲属》：“母之姊妹曰姨。”或称为“姨娘”“姨婆”“姨姨”“姨妈”等（按：“姨婆”又作为外祖母之姐妹之称，称姨母为“姨娘”多在南方，而北方则以“姨娘”为妾之别称），与今天大致相同，不再举例。

要注意的是，古代男子对妻子之姊妹也称为“姨”，对父亲之妾也称为“姨”，我们读书时要加以区别。

姨母之夫称为“姨夫”或“姨父”，与今同，不再举例。还有称“姨丈人”者，如明王志坚《表异录》卷三：“袁聿修为姨丈人崔休所知赏，盖今之姨夫也。”

舅父之子女，称为“表兄弟”“表姊妹”。姨母之子女也称为“表兄弟”“表姊妹”，与今同，不再举例。姨母之子也有称姨兄弟者，如《南史·范云传》：“时江祏姨弟徐艺为曲江令。”《北史·凉武昭王李暠传附李琰之传》：“从姨兄常景笑而不许。”

无论是舅父之子女、姨母之子女，还有姑母之子女，都以“表兄弟”“表姊妹”相称，古人总称为“诸表”。唐人徐夤《赠表弟黄校书辂》诗：“产破身穷为学儒，我家诸表爱诗书。”在有关诸表的称谓中，有两个古人常用的概念要搞清楚：一是“中表”，二是“内外”。古人将姑妈之子女称为“外表”，将舅父与姨母之子女称为“内表”（这应是母系氏族婚姻形态的残余），如《仪礼·丧服》“舅之子”，郑玄注：“内兄弟也。”《后汉书·来歙传》“陛下之外兄也”，注：“光武之姑子，故曰外兄也。”内为中，外为表，故汉代以来统称为“中表”或“中外”。蔡邕《贞节先生陈留范史云铭》：“闭门静居，九族中表莫见其面”；又宋吕东莱《寄知止才仲》诗“一门叔父到卿好，中表弟兄唯尔贤”；《旧唐书·杨慎矜传》“慎矜与鉷父瑨中外兄弟，鉷即表侄”。魏晋南北朝时期重门第，中表亲极受重视，清人姜宸英在《湛园札记》卷一曾指出：“南北朝最重表亲，卢怀仁撰《中表实录》二十卷，高谅造《表亲谱录》四十余卷，此风至唐犹存。”

七　考妣

“考”和“妣”在古人称谓中十分常见，今天已不再使用。“妣”早见于殷代卜辞，“考”多见于西周金文。《尔雅·释亲》“父为考，母为妣”；《礼记·曲礼下》“生曰父曰母曰妻，死曰考曰妣曰嫔”。这种解释大体可以，但并不准确。

“考”和“妣”在先秦时期是对父母的异称，无论生死均可用。秦汉以来，父母死后仍可称为考妣，但生前不再称考妣，考妣只用为对死去的父母之称。而且，考妣不仅用来称死去的父母，死去的祖辈乃至更早的直系先辈均可用考妣相称（在先秦时则是对先祖的泛称）。

由于《诗经·周颂·雝》有“假哉皇考，绥予孝子”之句，而汉代注家认为这个“皇考”是周武王对死去的周文王的称呼；又由于《礼记·曲礼下》有“祭王父曰皇祖考，王母曰皇祖妣，父曰皇考，母曰皇妣”之载，故而后世多称死去的父亲为“皇考”，死去的母亲为“皇妣”。当然，早在金文中（如虢叔钟）、在屈原的《离骚》中就已称亡父为“皇考”，其时代并不一定就比《礼记·曲礼》晚，但对后世影响最大的还是《诗经》和《礼记》。用“皇考”之例如《晋书·礼志上》载魏文帝即位之后，追尊“皇考武王曰武皇帝”。可由于称“皇考”与皇室称谓中常用的“皇”字相同，为了避讳，唐僖宗时就宣布禁称“皇考”，改为“显考”（《尚书·康诰》有“惟乃丕显考文王”之称，是其根据），但民间并未严格遵守，例如欧阳修著名的《泷冈阡表》一开头就仍然是“呜呼！惟我皇考崇公”。此后，宋徽宗、元成宗、明英宗、清高宗都曾下令不准民间称“皇考”，只准称“显考”（详见徐乾学《读礼通考》卷五六、平步青《霞外攟屑·祖不得称皇考》）。在如此三令五申之下，明清时期就普遍称已故父母为“显考”“显妣”，我们今天到郊外去“显考”“显妣”在墓碑上还处处可见。至于已故的祖父母，则沿《礼记·曲礼下》，仍称为“祖考”“祖妣”。

八 夫妻

“夫妻”之称，早在《易·小畜》中就有记载，而且一直用到如今。

“夫”，或作“丈夫”，本是成年男子美称，但又用作夫妻之夫。需要注意的是，古人在大多数地方都只称“夫”，而将“丈夫”作为男子美称，倘称“大丈夫”“美丈夫”等则全是美称。称“丈夫”者如赵璘《因话录》卷五“到天河，见妇人织，丈夫饮牛”；《水浒传》第十七回何涛之妻叫他“丈夫，你如何今日这般烦恼”。这种称呼，古代少见。以“夫”加上其他附加成分的表示丈夫义的有关称谓较多，如“夫子”“夫君”“夫主”“夫男”“夫婿”“夫室”“前夫”“后夫”“亡夫”“先夫”“继夫”“接脚夫”等，都容易理解，不再举例。

“良人”，本是较广义的称呼，就是夫妻之间也可互称，但因《仪礼》中妻称夫为“良”，故而后世多谓

“妇人称夫曰良人”（龚炜《巢林笔谈·良人》）。李白《子夜吴歌·秋歌》：“何日平胡虏，良人罢远征。”

“郎”，本是对男子的较广义的称呼，也可称夫。汉乐府《子夜歌》：“天不夺人愿，故使侬见郎。”又称“郎君”，如汉乐府《子夜四时歌·夏歌》：“郎君未可前，待我整容仪。”又称“郎伯”，如杜甫《元日寄韦氏妹》诗：“郎伯殊方镇，京华旧国移。”又称“郎婿”，如唐裴庭裕《东观奏记》卷上：“将下嫁，命择郎婿。”

“丈人”，本是对老人之称，也可用来称夫。汉乐府《妇病行》“妇病连年累岁，传呼丈人前一言”；梅尧臣《欧阳郡太君挽歌》之二“当时丈人殁，虽少守孤儿”。

“君”，本是对成年男子之尊称，也可用来称夫。《孔雀东南飞》“十七为君妇”；李白《春思》诗“当君怀归日，是妾断肠时”。又称“君子”，如《诗经·王风·君子于役》：“君子于役，不知其期。”

“老公”，这是民间常见的称呼，开始使用时期并不晚。《霞外攟屑·老公》：“《越谚》卷中云：‘夫之通称。’按《唐荆川集》，纪广右战功，有‘若勿向老公语也’，则已见诸文字矣。”《古今杂剧》中佚名的《鸳鸯被》第二折就有“我今日成就了你两个，久后你也与我寻一个好老公”。

“官人”，本是对为官之人的敬称，从宋代开始作为较广泛的尊称，同时也用以称丈夫，而不在乎丈夫是否为官。《京本通俗小说·错斩崔宁》“官人直恁负恩，甫能得官，便娶了二夫人”；高明《琵琶记·南浦嘱别》“官人，你如何割舍得便去了”。

“汉子”，这是明清时期对丈夫的一种俗称。《金瓶梅》第五十八回“大清早晨，刁蹬着汉子，请太医看”；《聊斋志异·小翠》“姑不与若争，汝汉子来矣”。

古代丈夫对妻子的称呼，比妻子对丈夫的称呼要多。

“妻”“妻子”，从《诗经》《周易》就已使用，至今仍是最主要的称呼。在“妻”之前加上各种附加成分，还有“贤妻”“良妻”“仁妻”“令妻”“娇妻”“拙妻”“荆妻”“山妻”“寡妻”等。

“妇”，本是已婚女子之通称，也用作对妻子之称。早在殷代卜辞中就有“妇好”“妇鼠”之称，《诗经》《周易》中也有类似记载。以后长期使用，较常见，不再举例。

“室”，来源于《礼记·曲礼上》：“三十曰壮，有室。”孔颖达《疏》：“壮有室，妻居室中，故呼妻为室。”或称为“室人”，如《列子·周穆王》就以“夫曰”“室人曰”对言。江淹有《悼室人》诗十首。对他人之妻，还可尊称为“令室”“贤室”。

与“室”相近者为“阃”。“阃”之本义是内室，故而也作为对妻子的代称，如《京本通俗小说·冯玉梅团圆》：“可携新阃同来，做个亲戚。”又称“主阃”，犹称主妇，如明李昌祺《剪灯余话·秋夕访琵琶亭记》：“君昨所荐，只主阃张氏，何又有郑氏三人焉?”若用于敬称，还可称“贤阃”“尊阃”，如《聊斋志异·柳生》：“尊阃薄相，恐不能佐君成业。”

“君”，在古代是用得很广的敬称。在夫妻关系中，妻可称夫为君，夫也可称妻为“君”。《释名》就称妻为“女君”。古代常见的称呼有“小君”，如唐冯贽《云仙杂记·自为小君裁剪》条引《凤池编》：“李绅……自为小君裁剪。”又有“细君”，如《汉书·东方朔传》：“归遗细君。”

“夫人”，在秦汉以前，本是对诸侯等贵族之妻的称呼，秦汉之后，也仍然是贵族与高级官员之妻的封号，但却又日渐扩大范围，在普通官绅家也常使用。较早者如唐张彦远《法书要录》引梁代袁昂《古今书评》：“羊欣书如大家婢为夫人，虽处其位，而举止羞涩，终不似真。”一直至今，“夫人”仍是很常见的称呼。

“娘子”，既可是对妇女的泛称，又用作为对妻子之称。元陶宗仪《辍耕录·妇女称娘》：“都下自庶人妻以及大官之国夫人，皆曰娘子。”如《水浒传》中就常见这种称呼。

“浑家”，这是唐宋以来民间对妻子的一种称呼。钱大昕说：“称妻曰浑家，见郑文宝《南唐近事》。”（《恒言录》卷三）宋人话本与《水浒传》中就较为常见。诗词中如南宋尤袤《淮民谣》诗：“无钱买刀剑，典尽浑家衣。”

“内”，古人以男主外、女主内，故以“内”为妻子代称。《左传·哀公十五年》：“通于内。”或称“内人”，如《礼记·檀弓下》：“内人皆行哭失声。”或称“内子”，如《左传·僖公二十四年》：“以叔隗为内子。”今天还在使用的“贱内”，乃至“贤内助”，都是古代早已使用的称呼。

与称妻子为“内”相似，又称妻为“中”，如“中妇”“中壸（kǔn）”“中馈”等。其例如卢照邻《横吹曲辞》“寄书谢中妇，时看鸿雁天”；孙光宪《北梦琐言》“中壸预政，以玷盛德”；钮琇《觚剩·汤素畹》“汤氏素畹，字雅卿，大都吴啸雯中馈也”。

“老婆”“婆娘”，是近代民间很常见的称呼，古代也有。从目前所知材料，“老婆”最早见于宋代，如王晋卿《耳聋颂示东坡》诗“老婆心急频相劝”；而“婆娘”多用作已婚妇女的泛称，用于称呼妻子者不多，如元代石君宝《秋胡戏妻》：“谁着你戏弄人家妻儿，迤逗人家婆娘？”

“太太”，也是近代很常见的称呼，但在古代的起源却不很清楚。《汉语大词典》沿用清人旧说，认为汉哀帝称祖母为“帝太太后”“皇太太后”，乃是古代称“太太”之始，这是不对的。因为汉哀帝是在“并四太后”（《汉书·外戚传下》）共存时，将“皇太太后”作为“太皇太后”的异称。笔者认为，“太”本来是表示高级的一种尊称，用于称谓之中极多，就以女性言，有太夫人、太母、太婆。唐代以后，五品以上官员的母亲，分别封以“太君”“太夫人”“太宜人”的封号，所以到了明代就出现了尊称官员之夫人或长辈妇女为“太太”的这一新的称呼。明胡应麟《甲乙剩言·边道诗》载：“有一边道转御史中丞，作除夕诗云：‘幸喜荆妻称太太，且斟柏酒乐陶陶。’盖部民呼有司眷属，惟中丞以上得呼太太耳。”也同是在明代，史可法在家书中称母亲与母辈以上妇女都为“太太”（参《史忠正公集》卷三）。到了清代，“太太”之称就十分普遍，而且花样繁多（如老太太、少太太、姨太太之类）。《清稗类钞·称谓类》载：“命妇称太太，其夫自一品以至未入流皆然，无所别也。久之，则富人亦称之。又久之，则凡为人妇可以家居坐食者，亦无不称之矣。”

在近代口语中，丈夫称妻为“家里的”“屋里的”，很常见。其实，古人早已称妻为“乡里”“家里”。明方以智《通雅》卷一九有《称妻曰乡里》条：“沈约《山阴柳家女》诗：‘还家问乡里，讵堪持作夫。’乡里，谓妻也。《南史》张彪呼妻曰：‘我不忍令乡里落他处。’姚宽曰：‘今会稽人言家里，其意同也。’”称“家里”者如《初刻拍案惊奇》卷一四：“此冤仇实与我无干，如何缠扰着我家里？”

在古代对妻子的称呼中，还有一个比较普遍的代称叫“荆”，或叫“荆人”“荆妻”“荆妇”“拙荆”“寒荆”“山荆”“贱荆”。宋刘克庄《盖竹庙》诗“寄书报与荆妻说，十袭荷花莫要焚”；宋陈亮《丙午复朱元晦秘书书》“台眷长少均庆，荆妇儿女附拜再四起居”；《聊斋志异·公孙九娘》“俱各无恙，但荆人物故矣”；又同书《陆判》“山荆，予结发人”；又同书《狐嫁女》“翁曰：此拙荆”；《红楼梦》第三回“因贱荆去世”；明王玉峰《焚香记·军情》“学生寒荆为我受了无数凄楚”。称妻为荆，源于东汉梁鸿、孟光夫妻和睦恩爱的故事。《太平御览》卷七一八引《列女传》：“梁鸿妻孟光，荆钗布裙。”

如果丈夫已死，未再嫁之妻在古代有一些专门的称呼。一般称为“寡妇”（初期的“寡”，凡丧偶之男女均称，战国以来，一般只称女性）“寡妻”，或称为“孀”“孀妻”“孀娥”“孀雌”。这些都较为常见，不再举例。在文人笔下，又称为“未亡人”，源于《左传·庄公二十八年》：“而于未亡人之侧，不亦异乎？”又称为“嫠妇”，源于《左传·昭公十九年》：“莒有妇人，莒子杀其夫，已为嫠妇。”《说文》：“嫠，无夫也。”

古代官绅之家，多实行一妻多妾制。这样，在几个不同的妻子中，就又产生了若干专门的称呼。

无论有多少妻子，正妻只有一个，称之为“正”和“嫡”，如“正妻”“正室”“正房”“令正”“嫡妻”“嫡室”等。“嫡”又写作“適”，如《汉书·杜周传附杜钦传》：“此必適妾将有争宠相害而为患者。”此外，还称为“元妻”“元配”“元室”“元娶”“初妻”“头妻”等，这些称呼都容易理解，不再举例。

除了正妻之外，其余的妻子一律称为“妾”，从先秦到近代，一直如此。还可以加上其他附加成分，称为“小妾”“庶妾”“薄命妾”“贱妾”等。

除了“妾”，还有若干称呼：

“侧室”，相对于“正室”而言，汉代开始用于称“妾”。《汉书·南粤传》：“高皇帝侧室之子。”或称“别室”，如《北史·彭城太妃尔朱氏传》“神武纳为别室”；或称“次室”，如《金史·海陵本纪》“命庶官许求次室二人”；或称“别房”，如《艺文类聚》卷三五引《妒记》“不令公有别房”；或称“偏房”，如《列女传》卷二《晋赵衰妻·颂》“身虽尊贵，不妒偏房”；或称“二房”，如《红楼梦》第二回“托他向甄家娘子要那娇杏作二房”；或称“少房”，如明宋濂《义乌方府君墓志铭》“既而少房马氏生子男子二人”。

“小”，相对于“元”，早见于《诗经·邶风·柏舟》：“忧心悄悄，愠于群小。”与此相关者有“小妻”，如《汉书·枚乘传附枚皋传》“乘在梁时，取皋母为小妻”；或称“少妻”，如《后汉书·董卓传》“其少妻止之”；或称“下妻”，如《后汉书·光武帝纪下》“为青、徐贼所略为奴婢下妻”；或称“小星”，如明吴炳《疗妒羹》传奇《贤风》“虽则夫人时常宽慰，许备小星”；或称“小老婆”，如《京本通俗小说·错斩崔宁》“你在京中娶了一个小老婆”。

妾还有个很别致的称呼叫“如夫人”。《儒林外史》第五回：“你这一位如夫人，关系你家三代。”这一称呼源于《左传·僖公十七年》：“齐侯好内，多内宠，内嬖如夫人者六人。”从“如夫人”之称，还派生出一个称呼叫“如君”，如《儒林外史》第十一回：“商量要娶一个如君。”

在魏晋以前，妾有一个很容易被人误解的称呼“孺子”，如《战国策·齐策三》“齐王夫人死，有七孺子皆近”；《韩非子·八奸》“贵夫人，爱孺子，便僻好色”；《汉书·艺文志》有《诏赐中山靖王子哙及孺子妾冰未央材人歌诗四篇》，颜师古注："孺子，王妾之有品号者也。"这是不准确的。俞正燮在《癸巳类稿》卷七《释小补楚语笄内则总角义》条中通过多方考察之后指出："王公至士民妾，通名孺子。"

以上所说的，是对于某一位妾的称呼，如果是对于多妾之家的众妾，古代又称为"娣"。《诗经·大雅·韩奕》"诸娣从之"，毛《传》："诸娣，众妾也。"在诸妾之中，又因古人姊妹间可称"姒娣"而有"姒娣"之称，即年长者称为"姒"，年幼者称为"娣"，郝懿行《尔雅义疏·释亲》："娣姒即众妾相谓之词。"如《列女传·鲁公乘姒》："鲁公乘姒者，鲁公乘子皮之姒也。"

九　与丈夫相关亲属

丈夫之父，古称为"舅"。《礼记·檀弓下》："昔者吾舅死于虎，吾夫又死焉，今吾子又死焉。"也称为"公"，或写作"妐"，如《吕氏春秋·遇合》"姑妐知之"；《淮南子·泛论训》"若公知其盗也"；又称为"大人公"，如《颜氏家训·书证》："北间风俗，妇呼舅为大人公。”宋以后又称“公公”，如关汉卿《窦娥冤》第一折“婆婆也，你岂不知羞，俺公公撞府冲州”；高明《琵琶记·糟糠自厌》“公公婆婆，我不能够尽心相奉事”。很明显，这些称呼正是今天称丈夫之父为“公”“公公”“老人公”之前身。

丈夫之母，古称为“姑”。《国语·鲁语下》：“吾闻之先姑。”由“姑”所派生，还有“君姑”“严姑”“威姑”“慈姑”“阿姑”等。大约唐代以后，民间开始称丈夫之母为“婆”“婆婆”，除上段引《窦娥冤》《琵琶记》之外，如元张国宾《合汗衫》第三折“我但能勾媳妇儿觑着咱这没主意的公婆拜”；《儒林外史》第三回“婆媳两个都来坐着吃了饭”。

对于丈夫的父母，如果合称，早者称为“舅姑”“姑舅”，近者称为“公婆”。此外还有一个常见的称呼是“姑章”，或作“姑嫜”，如汉代陈琳《饮马长城窟行》“善事新姑章，时时念我故夫子”；杜甫《新婚别》“妾身未分明，何以拜姑嫜”。

丈夫的兄弟，多称为伯叔，与近代所称的“大伯”“小叔”是一致的。丈夫的姐妹，一般也以姐妹相称。对丈夫之妹，更多的是称“小姑”，这也与今相同。

十　与妻子相关亲属

妻子之父母，早期与妻子称丈夫之父母一样，都称“舅姑”。《礼记·坊记》“婿亲迎见于舅姑”，郑玄注：“舅姑，妻之父母也。”《三国志·蜀书·先主传》“献帝舅车骑将军董承”，裴注：“董承，汉灵帝母董太后之侄，于献帝为丈人。盖古无丈人之名，故谓之舅也。”为了与妻称丈夫之父相区别，所以丈夫称妻之父又叫“外舅”。《尔雅·释亲》“妻之父为外舅”，如《宋史·谢泌传》：“魏羽为使，即泌之外舅。”此外，也称为“外父”，如《金瓶梅》第六十七回“小的外父孙清”；称为“妻父”，如《宋史·张咏传》“妻父临终”；称为“妻公”，如王谠《唐语林》卷一“妻公以伎术供奉”；称为“妇父”，如《世说新语·规箴》“太傅谢安，国宝妇父也”；称为“妇公”，如《晋书·卫瓘传附卫玠传》“妇公冰清，女婿玉润”；称为“妇翁”，如《三国志·魏书·武帝纪》“第五伯鱼三娶孤女，谓之挝妇翁”。不过，上述各种称呼都不常用。较常用的是“丈人”，最早的一例，就是上引《三国志》的裴注，以后一直沿用至今。

对于妻子之父，古代还有两组常见的代称，一组是“泰山”“岳丈”“岳父”，另一组是“冰叟”“冰翁”。关于前一组称呼，至今仍很普遍地使用，但其起源则至今尚无一个能令人信服的说法，限于篇幅，兹不详论，请感兴趣的读者参阅赵翼《陔余丛考》卷三七《丈人》条。后一组称呼如苏轼《生日王郎以诗见庆次其韵并寄茶二十一片》诗“朅从冰叟来游宦，肯伴臞仙亦号儒”；宋张世南《游宦纪闻》卷六“先兄之冰翁董讳熠字季兴”。这类称呼的来源，始于《世说新语·言语》“卫洗马初欲渡江”条，刘孝标注引《卫玠别传》：“妻父有冰清之姿，婿有璧润之望。”上引《晋书·卫玠传》亦有类似记载。

妻子之母，如上所述，称为“姑”或“外姑”，如李商隐有《为外姑陇西郡君祭张氏女文》。不过这类称呼古代用得不多，隋唐之后基本不用，而如近代一样，多称“丈母”或“岳母”。宋人朱翌在《猗觉寮杂记》卷下说：“《尔雅》：妻之父为外舅，母为外姑。今无此称，皆曰丈人丈母。柳子厚有祭杨詹事丈人、独孤氏丈母，则知唐已如此。”此话大致不误，只是有点绝对。

妻之兄弟，按《尔雅·释亲》《释名·释亲属》之载，应称为“甥”或“外甥”，但文献中未见实例。古代对妻之兄弟最常见的称呼是“舅”，如《战国策·楚策四》：“李园不治国，王之舅也。”所以如此称呼，钱大昕在《恒言录》卷三的解释是：“盖从其子女之称，遂相沿不觉耳。”对于这种“舅”，古代又称为“舅舅”“妻舅”“舅爷”“舅子”（此称今天仍很流行）。若是帝王家，则称“国舅”，如《旧五代史·萧翰传》：“翰有妹，亦嫁于德光，故国人谓翰为国舅。”文艺作品中常见的“国舅”，正来源于此，如《红楼梦》第十六回，凤姐就笑称贾琏为“国舅老爷”。由于妻之兄弟称“舅”，而姐妹之夫可以称“郎”，故而二者合称“郎舅”，如《西湖二集·吹凤箫女诱东墙》：“与他结为郎舅，诚佳事也。”这一称呼，一直用到今天。

妻之兄弟除称“舅”外，还称为“内兄”“内弟”“妇兄”“妇弟”“妻兄”“妻弟”，这些都与今相似，不再举例。要注意的是也有称为“外兄”“外弟”的，如《资治通鉴·齐明帝建武四年》“（王晏）外弟尉氏阮孝绪亦知晏必败”，胡三省注：“外弟，妻弟也。”

妻之姊妹，古今均称为“姨”，或“大姨”“小姨”

之类，也可称为“妻妹”“内妹”，这些很好理解，不再举例。

妻的姊妹的丈夫，古代有个专门称呼叫“亚”。《诗经·小雅·节南山》“琐琐姻亚”，毛《传》：“两婿相谓曰亚。”或称为“友婿”“僚婿”，如《汉书·严助传》：“家贫，为友婿富人所辱。”不过，从唐宋以至如今，大多称为“连袂”“连襟”，如杜甫《赠李十五丈别》：“人生意气合，相与襟袂连。”

十一　兄弟及与其相关亲属

兄弟之称，古今皆同。

“兄”又称为“昆”（此字古作翯），如《诗经·王风·葛藟》：“终远兄弟，谓他人昆。”《说文》明确指出：“周人谓兄为昆。”后世称兄为“昆”者不多，但称“兄弟”为“昆弟”者不少，如《论语·先进》：“人不间于其父母昆弟之言。”由于古人以伯、仲、叔、季作兄弟排行，故而兄弟又称为“昆仲”“昆季”，并一直用到现代，如鲁迅《狂人日记》一开始就说“某君昆仲”。由于古代可称妹为“娟”，故兄妹又可称“昆娟”，如

《新唐书·姚思廉传附姚璹传》："少孤，抚昆娟友爱。"

"哥"，是今天对兄长之称，可古代曾是用得很广泛的称呼，可以称父、称兄、称弟、称子，从唐代才逐渐集中为称兄，到了宋代，就是"以兄为哥，举世皆然"（庄绰《鸡肋编》卷上）。《广韵》说："哥，古歌字，今呼为兄。"

兄之妻，古今均称为"嫂"，也可称"嫂嫂"，如元代无名氏《冻苏秦》第二折："俺嫂嫂也不为炊。"

与兄相对者为"弟"，古今无异称。弟之妻称为"弟媳""弟妹"，也与今相同。也有称为"婶""婶子"的，当是用孩子的称呼。

在有兄弟数人的情况下，称呼中必须表示出排行。古人或以数字为排行，如二哥、三弟之类：如从兄长的角度，又可称弟弟为大弟、中弟、少弟、小弟之类；伯、仲、叔、季，是古人表示排行的常用语，故而又常见伯兄、仲公、季子之类称呼。

由于古人可以一夫多妻，故而在家中常有同父同母兄弟和同父异母兄弟之别。在一般情况下，同父者均以兄弟相称。如果要加以区别，则同母兄弟要加以强调，如《史记·卫将军骠骑列传》"同母兄卫长子"；《左传·庄公八年》“僖公之母弟曰夷仲年”。同母兄弟又称为“同产”，如《墨子·号令》“若欲以城为外谋者，父母、妻子、同产皆断”；《汉书·孔光传》“至亲有同产弟中山孝王”。至于异母兄弟，需要区别时也直接加以强调，如《汉书·江都易王非传》：“建异母弟定国为淮阳侯。”

由于古代当父母在时兄弟多不分居，故而兄之妻与弟之妻之间的交往远比今日为多，相互间也就有一定的专门称呼。先秦时称为“娣姒”，年长者称“姒”，年幼者称“娣”，不是以丈夫之长幼为别。先秦之后，偶尔也用，如《新唐书·太穆窦皇后传》：“诸姒娣皆畏，莫敢侍。”但在更多的场合则称为“先后”，如《史记·孝武本纪》“见神于先后”；称为“妯娌”，如《北史·崔暹传附崔休传》“家道多由妇人，欲令姊妹为妯娌”。“先后”和“妯娌”，一直用到今天。

兄弟之子女，可直接称为“兄子”“兄女”，也可称为“从子”“从女”“犹子”“犹女”，但最常见的称呼是“侄”（古代写作“姪”）。在晋代以前，“侄”只是女性对兄弟之子女的称呼，晋代以来，则无论男女，皆称兄弟之子女为“侄”，至今未改。

十二　姊妹及与其相关亲属

姊妹之称，与兄弟一样，古今皆同。

古代对姊妹或称为“女兄”“女弟”。《战国策·楚策四》“赵人李园，持其女弟，欲进之楚王”，又《史通·浮词》“俾同气女兄，摩笄引决”。甚至有直接称姊妹为兄弟的，如《明史·费宏传》：“其妻与濠妻，兄弟也。”

在近代称谓中，“姊”又称“姐”，今天更是以“姐”为主。这一称呼，唐代就已使用，如李白《寄东鲁二稚子》诗“小儿名伯禽，与姐亦齐肩”；宋吴曾《能改斋漫录》卷二《妇女称姐》：“近世多以女兄为姐。”不过需要注意的是，古代称妇女为“姐”的用法较多，不仅是称姊，我们读书时要注意区别。

与姊相对者为“妹”，除了上述的“女弟”，古代对妹的其他称呼值得注意的只有一个“媦”。《说文》：“楚人谓女弟曰媦。”后世偶有用者，如《新唐书·李密传》“往依媦婿雍丘令丘君明”；又同书《诸帝公主传》“同安公主，高祖同母媦也”。

在古代一夫多妻的家庭中，姊妹也有同母与异母之别。与同母兄弟一样，同母姊妹也可称为“同产”，如《汉书·广川惠王越传》：“上书告齐与同产奸。”

姊妹之夫，可直称为“姊夫”“妹夫”，与今同，如《晋书·司马承传》“澹，敦姊夫也”。也可称为“姊婿”“妹婿”，如《后汉书·耿秉传》“天子姊婿”；《晋书·荀顗传》“幼为姊婿陈群所赏”。也可称为“姊丈”“妹丈”如《儒林外史》第五回“妹丈，这话也说不得了”。

姊妹之子，《尔雅·释亲》认为“男子谓姊妹之子为出”，这种称呼先秦偶有所见，如《左传·襄公二十五年》：“桓公之乱，蔡人欲立其出。”但古代对姊妹之子女最普遍的称呼是“甥”“外甥”“甥女”“外甥女”，与今一致，如《诗经·大雅·韩奕》“汾王之甥，蹶父之子”；《旧唐书·玄宗纪》“封宗室外甥女二人为公主”。或作“外生女”，如同上书《柳奭传》：“以外生女为皇太子妃。”

十三　子女及与其相关亲属

“子”在古代是一个使用范围较广的称呼。就以子女而言，“子”可以是子女之通称。《礼记·曲礼下》“子于父母则自名也”，郑注：“言子者，通男女。”不过在秦汉之后，主要用作儿子之称。有时为了不致混淆，还在表“儿子”之义时称为“子男”，如《史记·春申君列传》“遂生子男，立为太子”；又称“丈夫子”，如《战国策·燕策二》“非徒不爱子也，又不爱丈夫子独甚”。由儿子之义出发，自己之子又可称为“犬子”“豚犬”“不肖子”“无状子”“孽子”等，别人之子又可称为“令子”“贤子”“良子”“不凡子”“克家子”等。

“男”，是古代对儿子的常见称呼。《史记·郦生陆贾列传》“有五男”，又杜甫《石壕吏》“一男附书至，二男新战死”。

“息”的本义是生殖繁衍，故可引申为儿子之称，有“子息”“儿息”“息男”“贱息”“弱息”“小息”等。《东观汉记》“此我子息”（按：此见梁章钜《称谓录》卷六转引。），又顾炎武《梓潼篇寄李中孚》诗“幸看儿息大，敢有宦名求”，又曹植《封二子为乡公谢恩章》“诏书封臣息男苗为高阳乡公”，又《史记·赵世家》“老臣贱息舒祺最少”，又《南史·周盘龙传》“弱息不为世子便为孝子”，又《晋书·孙旗传》“遣小息回，责让弼等以过差之事”。

“儿”，本义是幼孩、儿童，也可称男孩，如《仓颉篇》卷下：“男曰儿，女曰婴。”再发展为称儿子，《广雅·释亲》：“儿，子也。”并在不少场合与女儿相对，如白居易《杂兴三首》之一：“遂习宫中女，皆如马上儿。”为了强调是男性之“儿”，往往再加上一个字，呼作“儿子”“儿男”“儿郎”之类（古代也偶有以“儿子”为小儿通称的，如《吕氏春秋·异宝》：“今以百金与抟黍以示儿子，儿子必取抟黍矣。”）。

古人子女一般都不止一个，故而在几个儿子之间必然有“长子”“次男”“幼子”等称呼，这些都好理解，不用多讲。需要加以论述的是今天已不存在的“嫡”“庶”之分，如《列子·力命》：“齐公族多宠，嫡庶并行。”所谓子女中的嫡庶，就是在一夫多妻的家庭中，正妻所生就称“嫡”“嫡子”“嫡女”“嫡嗣”，如《左传·文公七年》：“舍嫡嗣不立而外求君。”又称为“宗”“宗子”“宗后”，如《诗序·小雅·白华》“以妾为妻，以孽代宗”；又称“冢子”“冢息”“冢嗣”，如《礼记·内则》“冢子则太牢”，《新唐书·桑道茂传》“冢息位宰相”。此外，嫡子还称为“嗣子”“承嗣”“正室”“世子”“树子”“门子”“后子”“家督”等，主要见于宗法观念特重、嫡庶之分特严的先秦时期，以后较少使用。其中需要注意的是“嗣子”，含有传宗接代的意思，如《汉书·高后纪》“世世勿绝嗣子”，故而后世常用作对别人家儿子的敬称，如“令嗣”“哲嗣”“根嗣”等，直到近代尚可见到。还有一点需要注意的是，严格来讲，“嫡子”有两层含义，广义者指正妻所生之子，狭义者只指正妻所生诸子中的长子，我们读书时要注意加以区别。

与“嫡子”相对，妾所生之子就称作“庶子”“庶男”“支庶”，也称作“余子”“支子”“侧室”“诸子”“别子”“孽子”等。这些称呼，先秦较常见，秦汉后只有几个还在继续使用，如《史记》中《万石张叔列传》“安丘侯说之庶子也”；《淮南衡山列传》“王有孽子不害最长，王弗爱”；《汉书》中《贾谊传》“非有侧室之势”，《食货志》“余子亦在于序室”。

在有关子女的称谓中，还有一类情况，就是非自己生育的而是收养的子女，这些子女，可以称为“养子”“养女”“义子”“义女”，与今天相同。此外，又可称为“假子”，如《汉书·王尊传》：“美阳女子告假

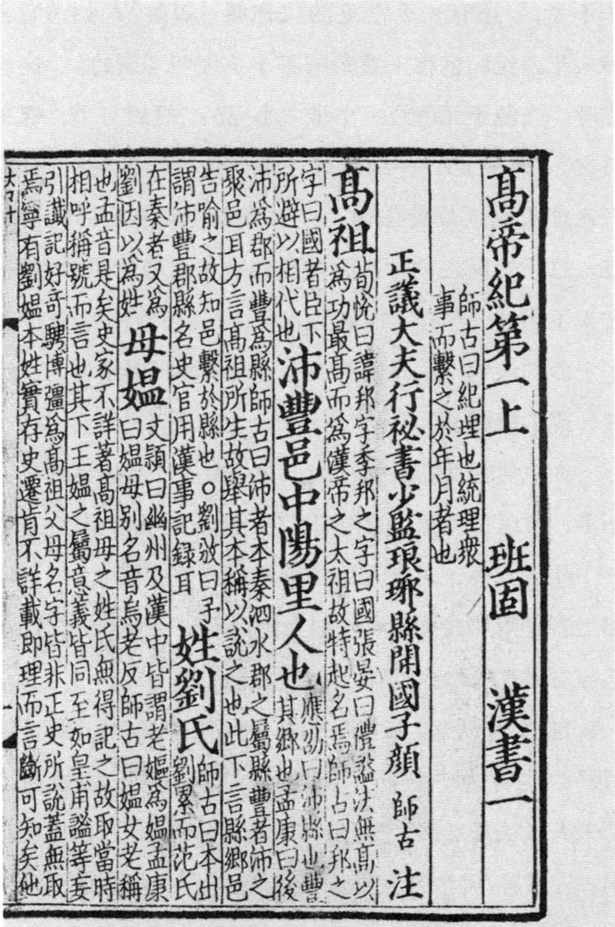

高帝紀第一上　班固　漢書一

師古曰紀理也統理衆事而繫之於年月者也

正議大夫行祕書少監琅琊縣開國子顔　師古　注

高祖荀悅曰諱邦字季邦之字曰國張晏曰禮謚法無高以爲功最高而爲漢帝之太祖故特起名焉師古曰邦之字曰國者臣下所避以相代也

沛豐邑中陽里人也應劭曰沛縣也豐其鄉也孟康曰後沛爲郡而豐爲縣師古曰沛者本秦泗水郡之屬縣豐者沛之聚邑耳方言高祖所生故舉其本稱以說之也此下言縣鄉邑告喻之故知邑繫於縣也○劉攽曰予謂沛豐郡縣名史官用漢事記錄耳

姓劉氏師古曰本出劉累而范氏在秦者又爲劉因以爲姓

母媪文穎曰幽州及漢中皆謂老嫗爲媪孟康曰媪母別名音烏老反師古曰媪女老稱也孟音是矣史家不詳著高祖母之姓氏無得記之故取當時相呼稱號而言也其下王媪之屬意義皆同至如皇甫謐等妄引讖記好奇騁博彊爲高祖父母名字皆非正史所說蓋無取焉寧有劉媪本姓實存史遷肯不詳載卽理而言斷可知矣他

宋刻本《汉书》内页

子不孝。”还有一个常见的代称叫“螟蛉”，如《旧唐书·昭宗纪》就称王重荣的养子王珂叫“螟蛉”。这一称呼，来源于《诗经·小雅·小宛》：“螟蛉有子，蜾蠃负之。”蜾蠃是一种细腰蜂，常捕食另一种昆虫螟蛉，将产卵管刺入螟蛉体内，注射蜂毒使其麻痹，然后负之，置于蜂窝之内，作为蜾蠃卵孵化出的幼虫的食料。古人不明这一过程，误认为蜾蠃在养螟蛉为子，故而有了上面的诗句，后人也就以此为典故而将养子称为“螟蛉”或“螟蛉子”。

在重男轻女的古代社会，女儿参加社会生活的机会不多，所以有关女儿的称谓也就比男儿少得多。

从古到今，对女儿的主要称呼一直是“女”，可以加上若干附加成分，可以加上排行字，也分嫡庶，这些都与对男儿的称呼相似，不再重述。

自隋唐以来，对别人之女，往往称为“爱”或“嫒”，也称为“令嫒”“闺嫒”。唐裴同亮《唐故清河郡夫人张氏墓志铭》“游击利休之爱”，又孔尚任《桃花扇·守楼》“有个大老官来娶你令嫒”，又陶宗仪《辍耕录·爵禄前定》“其闺爱中夜来奔，坚拒不纳”。

在有关女儿的称谓中，与男儿不同的是古人对女儿是否出嫁十分重视，对未出嫁的女儿有专门的称呼，最主要的就是“处子”或“处女”。严格来讲，又只能作他称，不能作自称，也不用作家中人的称呼。所谓“处”，其义是居住、处所，“处女”就是居于家中未曾出嫁的女子，正如《经典释文》在解释《庄子·逍遥游》时所说：“处子，在室女也。”所以，居于家中的已婚妇女可称为“处妇”，未出嫁的姊妹可以称为“处姊”。古人对“处女”的理解，与宋代以后特别重视女性之贞洁，以是否与男性有过性关系来区别是否为“处女”，是有所不同的。另外还要指出的是，“处子”在古代有时又用作男性之称，指居家不仕者，与“处士”相同，如《后汉书·逸民传序》“处子耿介，羞与卿相等列”；《文选》卷一九载束皙《补亡诗·白华》“堂堂处子”，李善注：“处子，处士也。”

下面再谈与子女有关的亲属。

儿子之妻，最初只称为“妇”，《尔雅·释亲》：“子之妻为妇”，如《诗经·卫风·氓》“三岁为妇，靡室劳矣”，郑玄《笺》：“有舅姑曰妇。”这种称呼到后来一直使用。大约到了唐宋时期，因儿子又称为“息”，故而子之妻又称为“息妇”，又作“媳妇”，如

《太平广记》卷一二二《陈义郎》："大家见之，即不忘息妇。"宋王得臣《麈史》卷中《辨误》认为"新妇"是古称，"而不学者辄易之曰媳妇，又曰室妇，不知何也"。可知此称在当时已比较流行。又如宋庄绰《鸡肋编》卷下"巧媳妇做不得无面馎饦"。再简称为"媳"，如宋刘跂《学易集》所载《穆府君墓志铭》"女嫁唐诵，我姑之媳"。今天常称的"媳妇儿"，也早见于关汉卿的《窦娥冤·楔子》："媳妇儿，你在我家，我是亲婆。"

女儿之夫，从古到今一直称为"婿"，如果加上一些修饰成分，还可称为"女婿""子婿""郎婿""少婿""快婿""门婿"等，这些都好理解，不再举例。

除了称"婿"，还有以下一些称呼："女夫"，如《晋书·羊祜传》"祜女夫尝劝祜有所营置"；"半子"，如《文苑英华》卷九九一载唐代符载《祭外舅房州李使君文》"意敌周亲，礼成半子"；"倩"，这本是一种方言（见扬雄《方言》卷三："东齐之间，婿谓之倩"），但古人常有用者，如《史记·扁鹊仓公列传》"黄氏诸倩见建家京下方石，即弄之"，明杨基《怀万郎中伯玉》诗："倩可承家如有子，俸能供祭胜无官。"晋代以后，文士中常将女婿称为“东床”“东坦”“坦床”“令坦”，如刘长卿《登迁仁楼酬子婿李穆》诗“赖有东床客，池塘免寂寥”；宋丁谓《谈录》“晋公即参政之东坦也”；宋江休复《嘉祐杂志》“张谿，耆之坦床”。这些对女婿的代称，来自一个著名的历史故事：东晋郗鉴向王导家求婿，众多饰容以待的青年均未被选，独独选上了“坦腹东床”的王羲之。

在古代，绝大部分家庭都是女住婿家，偶有婿住女家者，乃成特例，被人轻视，并有专门称谓。最早称为“赘婿”，如《史记·滑稽列传》：“淳于髡者，齐之赘婿也。”唐宋以后称为“舍居婿”“入舍女婿”，这些称呼很好理解。另有一个特别的名称叫“布袋”，宋朱翌《猗觉寮杂记》卷上解释说：

> 世号赘婿为“布袋”，多不晓其义。如入布袋，气不得出。顷附舟入浙，有一同舟者，号李布袋。篙人问其徒云：“如何入舍婿谓之‘布袋’？”众无语。忽一人曰：“语讹也，谓之‘补代’。人家有女无子，恐世代自此绝，不肯嫁出，招婿以补其世代尔。”此言绝有理。

可是赵翼在《陔余丛考》卷三八《布袋》条又认为:“俗以赘婿为布袋。按《天香楼偶得》云,《三余帖》:冯布少时,赘于孙氏,其外舅有琐事,辄曰‘令布代之’。布袋之讹本此。”褚人获《坚瓠六集》卷四《布代》引《潜居录》亦载冯布事,并谓“至今吴中谓赘婿为‘布代’”。以上二说似均难以确信,姑并存待考。

女婿到了岳丈家,除岳父、岳母可以称“贤婿”之类,岳家一般人都不能以“婿”相称,多尊称为“姑爷”“姑老爷”。如《儒林外史》第三回:“姑老爷今非昔比。”也称为“姑夫”,如《西游记》第二十三回:“我领姑夫房里去也。”“姑爷”之称,至今仍在民间使用。

当自己的子女婚嫁之后,就与媳妇或女婿之家有了亲属关系。《尔雅·释亲》谓“妇之父母、婿之父母,相谓为婚姻”;“婿之父为姻,妇之父为婚”。不过这类称呼古代基本上未见使用,只偶见于旁人叙述,如宋邵伯温《邵氏闻见录》卷八记韩亿与李若谷,“后皆至参知政事,世为婚姻不绝”。古代在“妇之父母”与“婿之父母”之间,最主要的称呼是“亲家”,而且一直使用至今。“亲家”的初义是自己的家庭,以后用于有亲戚关系之家,汉代以后开始用于儿女亲家之义。笔者所见到最早的一例是《后汉书·应奉传》“公廉约己，明达政事”，李贤注引《汝南记》：“母不以介意，意欲见之，乃至亲家李氏堂上，令人以它词请朗。”隋唐时使用已较为普遍，如《新唐书·萧瑀传附萧嵩传》“子衡，尚新昌公主。嵩妻入谒，帝呼为亲家”；唐卢纶《王评事驸马花烛诗》之三“人主人臣是亲家，千秋万岁保荣华”。又可称之为“亲家公”“亲家翁”“亲家母”，如《隋书·李穆传附李浑传》“吾宗社几倾，赖亲家公而获全耳”；又同书《房陵王勇传》“呼定兴作亲家翁”；《旧唐书·萧嵩传》“嵩夫人贺氏入觐拜席，玄宗呼为亲家母”。上述几个称呼又可省为“亲翁”“亲母”，至今犹称，不再举例。

儿子的子女，古今均称为“孙”。或称为“孙息”，如黄庭坚《寄老庵赋》：“寄吾老于孙息，厌群雏之嗷嗷。”或称为“孙枝”，如白居易《谈氏外孙生三日喜是男偶吟成篇兼戏呈梦得》诗：“梧桐老去长孙枝。”当然，“孙”又可分为“孙子”“孙女”，与今同。“孙女”又称为“女孙”，如《史记·陈丞相世家》：“吾欲以女孙予陈平。”

女儿之子女，古今均称“外孙”，如《史记·游侠列传》:“善相人者许负外孙也。”如果要区别男女，则称女性为“外孙女”，如唐代陈劭《通幽记·窦凝妾》:“晋州刺史柳涣外孙女博陵崔氏，家于汴州。”

五

尊　称

汉代画像石《尊老图》

古人讲礼，在相互交往中，一般都不直呼其名，而有礼貌地以尊称称之，大致有三种方式：一是称字称号，应视为对对方的尊重，已见前《名与字》。二是在一般称谓前加一个“尊”“贤”“令”字。《颜氏家训·风操》说：“凡与人言，称彼祖父母、世父母、父母及长姑，皆加‘尊’字；自叔父母已下，则加‘贤’字。”这类尊称，在前《亲属称谓》已介绍了不少。三是用一些专门的，但又通用的尊称。王力先生《中国语法理论》下册称之为“礼貌式”称呼。笔者将这类称谓统称为“尊称”。古代的“尊称”很多，下面只择要进行介绍。

一 “父”及其相关称谓

“父”和“母”，从狭义看，是儿女对父母之称；从广义看，是对成年男女的尊称。直到今天，在说“各位父老”时，“父”仍是一种尊称。

“父”很早就用作对男性的尊称，神话人物中的夸父、伯夷父，《诗经》中的尚父、皇父、古公亶父，《左传》中的邾仪父、孔父等，都是如此。《诗经·大雅·大明》郑玄《笺》解释“尚父”是“尊称焉”；《穀梁传·隐公元年》解释邾仪父之“父”是“男子之美称也”；《史记·孔子世家》，裴骃《集解》引王肃语解释孔子被称“尼父”之“父”是“丈夫之显称也”。

由于“父”可作为男子之尊称，所以古代又由此而产生了其他一些有关的尊称，如下。

“伯父”“叔父”，先秦时作为对诸侯之称。《仪礼·觐礼》“同姓大国则曰伯父”，“同姓小邦则曰叔父”。

“诸父”，犹后世之称“父老”，如《后汉书·隗嚣传》：“诸父众贤不量小子。”

“父老”“父兄”，至今仍用，不再举例。

“父”在古代作为尊称最令今人难解的，是帝王尊称臣下为父，如《史记·张释之冯唐列传》载，汉文帝问冯唐：“父知之乎？”古代还有若干帝王将功高德显或位高权重的大臣尊称为“尚父”“仲父”“亚父”“叔父”“阿父”的，虽然各有不同的具体情况，但严格来看，这些“父”都是尊称。据笔者所见，有西周武王之称吕尚，春秋齐桓公之称管仲，战国秦昭王之称范雎，秦始皇之称吕不韦，项羽之称范增，汉献帝之称董卓，东晋元帝、明帝、成帝之称王导，唐德宗之称郭子仪，唐代宗之称李辅国，唐僖宗之称田令孜，五代后梁太祖之称刘守光，辽兴宗之称张俭。

在古汉语中，“父”和“甫”是通假字，所以“甫”也是“男子之美称也”（《说文》）。男子在命“字”时，常加一个“甫”字，如王安石字介甫、李焘字仁甫、陈亮字同甫。“甫”甚至成了古代男子名字中的专用字。古代女子的名字可以用“男”、用“夫”、用“虎”，可就是不能用“甫”，无一例外。也由于“甫”常用于男子之“字”，又是尊称，所以古代文士要问对方姓名（事实上是问姓与字，因为问名是失礼的行为）时，总是问“尊姓”“台甫”，直到近代，犹有此称。

二　“公”及其相关称谓

“公”是古代常见的尊称，越往后使用范围越广。

早在周代，便既是王室高级贵族之称，如周公、召公，又是广大官员与一般贵族之称。《诗经·大雅·云汉》和《尚书·康王之诰》都有“群公”之称。到了战国，就发展成为对一般人的尊称。《史记》记秦末汉初事，沛公、滕公、戚公、薛公等处处可见，甚至大泽乡起义的戍卒在谈话时也说：“公等遇雨，皆已失期，失期当斩。”这种情况一直延续下去，乃至《晋书·乐志下》在解释“公莫舞”时说：“古人相呼曰公。”宋人洪迈在《容斋续笔》卷五《公为尊称》条引柳宗元、苏轼语云：“尊其道而师之称曰公”，“年之长者曰公”，“凡人相与称呼者，贵之则曰公”。

在整个古代，汉代对“公”的使用较为特殊。父亲可以称儿子为“公”，帝王可以称臣下为“公”，老师可以称弟子为“公”。有时在不敬时骂人时也称“公”，如《史记·淮阴侯列传》“公，小人也”；又同书《袁盎晁错列传》在“骂富人”时也称“公”。所以，俞正燮在《癸巳类稿》卷一一《太史公释名》条说：“西汉敬其人则曰君……《史记》称公，不为尊也。”王先谦在《汉书·陆贾传》的《补注》中也说：“汉人称公，无尊卑贵贱皆用之。”这是需要我们加以注意的。

古代与“公”有关的尊称还有“太公”“明公”“主公”“寓公”等，这些都容易理解，不多谈。需要讨论的是“相公”。这个称呼最早见于曹魏时王粲的《从军诗》五首之一“相公征关右，赫怒震天威”，本是指的以丞相封魏公的曹操，后来遂成为对男子的一种普遍使用的尊称，到明清时使用面已相当广。清翟灏《通俗编·仕进》“今凡衣冠中人，皆僭称相公”；张际亮《金台残泪记》卷三《杂记》“北方市人通曰爷，讯其子弟或曰相公；南方市人通曰相公；吴下自呼子弟亦曰相公”。由于这样的泛称，“相公”也就不再是专门的尊称了。王应奎在《柳南续笔》卷二慨叹相公之称“岂可加之胥吏”，龚炜则在《巢林笔谈》卷五专门有《优人称相公》条。今天翻开清代小说《品花品鉴》，一个个唱戏卖笑的都称为“相公”。到了清代后期，“相公”甚至成为男妓之称，如《官场现形记》第二十四回：“甚么相公、婊子，我都玩过的了，倒要请教请教这尼姑的风味。”这种称呼一直流传到现代。“相公”一词内涵与外延的巨大变化，在古代称谓中是比较罕见的。

三　“子”及其相关称谓

“子”在古代是很早就使用的尊称，又可称为“吾子”。如《诗经·郑风·褰裳》“子不我思”，又《仪礼·士冠礼》“愿吾子之教之也”，郑玄注：“吾子，相亲之辞……子，男子之美称。”早在先秦时期，“子”就是上至诸侯，下至平民均可使用的称呼，如《白虎通义》卷一《号》所说：“子者，丈夫之通称也。”甚至在个别情况下不再是尊称，而成为卑称，如《左传·哀公十三年》：“公会晋侯及吴子于黄池。”为什么同是诸侯，有不同称呼？就因为当时认为吴国是“夷狄之国也，祝发文身”，故而分别清楚：“子，卑称也。”在《战国策·魏策三》的《秦败魏于华》一章的母子对话中，母亲也多次称儿子为“子”。

有一点需要注意：在古代儒家系统的大量著作中，凡是单独尊称“子”，都是对孔子的专称，如“子曰”“子不语”之类。《陔余丛考》卷三六《夫子》条说：“孔子以前，未有专称‘子’者也，然则专称‘子’，乃孔门所创。”

我们在读书时，有时还会见到“子墨子”“子程子”

这类称呼，这是学生对老师的专用尊称。《论语·学而》“子曰”邢昺《疏》：

> 古人称师曰子……后人称其先师之言，则以“子”冠氏上，所以明其为师也，子公羊子、子沈子之类是也。若非己师而称他有德者，则不以“子”冠氏上，直言某子，若高子、孟子之类是也。

关于这种称呼更细的分析和有关的错误用法（如刘禹锡为自传，误称“子刘子”之类），请参见宋费衮《梁溪漫志》卷五《子者男子通称》条，此从略。

古代有关“子”的尊称较多，重要的有以下几种。

“夫子”，是对男性十分广泛的尊称。《尚书·泰誓》“勉哉夫子”郑玄注：“夫子，丈夫之称。”后来长期被用作对老师的尊称，如孔夫子、朱夫子，很常见。但其他场合也可用，“乃尊卑贵贱之通称，不特弟子之于师也”（王应奎《柳南随笔》卷六）。

“君子”，早在《诗经》中就出现了几十次，都是对敬爱者和亲爱者的尊称。早期，“君子”着重于称有权有地位者，如《尚书·酒诰》“庶伯君子”；孔《传》

“众伯君子，长官大夫统庶士有正者”。以后则着重于称有德者，如《礼记·曲礼上》：“博闻强识而让，敦善行而不怠，谓之君子。”

“公子”，本义是贵族之子，如《仪礼·丧服传》：“诸侯之子称公子。”孟尝君、信陵君、平原君、春申君等战国四公子，是最著名的代表。由于这个“子”，本是“子女”之义，故可以包括女性，如《公羊传·庄公元年》“群公子之舍，则以卑矣”，何休注：“谓女公子也。”又如《战国策·中山策》：“公何不请公子倾以为正妻？”这更明显指的是女性。后来“公子”使用范围越来越广，凡有权有产之年轻人均可称“公子”。

四 “先生”及其相关称谓

“先生”作为尊称，从古至今未变。只是使用范围越往后越广。

在古代文献中，“先生”之称最早见于《论语》。在先秦文献中，“先生”可用来称老师、称父兄、称饱学之士、称一般成年男子（详见清陆以湉《冷庐杂识》卷八《先生》条），但最主要的含义是“古者称师曰先生”

孔子像

(《初学记》卷一八引《释名》，今本入《释名补遗》)，“先生，老人教学者”(《礼记·曲礼上》“从于先生”郑注)。为什么会称“先生”？古人有两种解释，多数认为是“长老先己以生者”(《战国策·齐策三》“三先生”高诱注)，即先己出生的意思。可是古文献中屡见对比自己年轻者也称为“先生”，如《孟子·告子下》孟子称宋牼为先生，宋牼就比孟子年轻。所以笔者认为另一种说法更有道理。《韩诗外传》卷六第十一章和贾谊《新书·先醒》都认为“先生”者，“犹言先醒也”，“为先醒也”，就是比自己更有道德学问的意思。与古代用得不太多的另一尊称“先达”的含义相近。

从战国到明清，“先生”的使用范围越来越广，几至于滥用。清乾隆时，王应奎为“舆台皂隶而亦‘先生’之矣”，惊呼“举世披靡，亦可叹矣”(《柳南随笔》卷一)。他不知“可叹”者还在后面。清末，上海等地的“高等妓女，世俗所称之‘书寓’‘长三’是也，亦称‘先生’而不称小姐”(《清稗类钞·称谓类·老师先生》)。如晚清专写青楼的小说《九尾龟》，书中的名妓陆兰芬、金小宝、陈文仙、陆畹香等，一个个都以“先生”相称。

戰國策卷第一

東周　　　高誘注

秦興師臨周（續周顯王後語）而求九鼎周君患之以告顏率（續率名也當如字或云力出切後語注）顏率曰大王勿憂臣請東借救於齊顏率至齊謂齊王（續齊宣王後語）曰夫秦之爲無道也欲興兵臨周而求九鼎周之君臣內自盡（劉曾集一作畫錢作盡）計與秦不若歸之大國夫存危國美名也得九鼎厚寶也願大王圖之齊王大悅發師五萬人使陳臣思將以救周而秦兵罷齊將求九鼎周君又患之顏率曰大王勿憂臣請東解之顏率至齊謂齊王曰周賴大國之義得君臣父子相保也願獻九鼎不識大

戰國策一　　一

宋刻本《战国策》内页

“先生”在古代可以简称为“先”或“生”。称“生”者常见，如《汉书·高帝纪》二年八月“以魏地万户封生”颜注：“生犹言先生，他皆类此。”此后，“生”的使用范围也越来越广，如儒生、经生、诸生、门生、书生、学生、童生、蒙生等，而且由最初的“先生”之省，变为学生之义。到了近代，“生”已不再有老师之义。“先生”又可简称为“先”，今天已不大好理解。《史记·袁盎晁错列传》“学申、商刑名于轵张恢先所”，裴骃《集解》引徐广说：“先即先生。”《汉书·梅福传》“夫叔孙先非不忠也”，颜注：“先，犹言先生也。”不过这种简称后代用得很少，清王士禛《香祖笔记》卷一一认为：“今人称先生，古人亦有止称先者……后世中官（引者按：即宦官）称士大夫曰‘老先’，亦有所本。”

从“先生”又引出“老先生”。《汉书·贾谊传》就有“诸老先生”之称，指年老的先生。后来使用范围日益扩大，不一定指年老之人。赵翼《陔余丛考》卷三七《老先生》条认为“宋时老先生之名尚非仕途常称”，“疑此称起于元初”。到了明代，“京师自内阁以至大小九卿皆称老先生，门生称座主亦如之”（王世贞《觚不觚录》)。清代更是京官“无不称老先生者”。至于民间，作为对年长者的尊称，“老先生”一直用到今天。

五 “大人”与“丈人”

“大人”的本义，就是与孩童相对而言的成人，但很早就用作对成年人的一种尊称。《周易》古经中有十处“大人”，如果加以考察，都是“贵族之通称”(高亨《周易大传今注·蹇第三十九》)。《左传·昭公十八年》“而后及其大人”，杜注：“大人，在位者。”此后，“大人”或用于对高官显位者之称，或用于对德高望重者之称，或用于晚辈对长辈之称(详见罗大经《鹤林玉露》甲编卷一《大人》条)。由于这些用法都很常见，不再举例。需要说明的是，在古代，官场中下级当面称上级为“大人”、老百姓在官员面前称官员为“大人”的情况在元代开始出现，明清才被普遍使用。赵翼《陔余丛考》卷三七《大人》条对此加以详细的考察之后说：“唐以前称贵官为大人者，乃从旁指目之词，而非觌面相呼也。觌面称大人，则始于元、明耳。”明沈德符《万历野获编》卷九《内阁称大人》和清福格《听雨丛谈》卷八《大人》条对此也都有说明，限于篇幅，兹不详论。

“丈人”与“大人”意义相近，《周易·师卦》“贞丈人吉”，李鼎祚《周易集解》引《子夏传》“丈人”就作“大人”。在古代，“丈人”常用作对年长者的尊称，如《汉书·匈奴传上》“汉天子，我丈人行”，颜注：“丈人，尊老之称也。”而且同“大人”一样，可以尊称女性，如《论衡·气寿篇》：“名男子为丈夫，尊公妪为丈人。”不过，由于魏晋以来称岳父为“丈人”，故而以后“丈人”大多用以称岳父，如杜甫诗“丈人试静听，贱子请具陈”（《奉赠韦左丞丈二十二韵》）。这类非指岳父的用法，就相当少了。

“丈人”用作尊称时，又简称“丈”，如方以智《通雅》卷一九《阁下门下之别》条说：“古多自称生，尊人为丈。”

六　“足下”及其相关称谓

“足下”“阁下”这类称呼作为尊称，古今均同。最早使用的是“足下”，战国时已见，多用于称君主，以后才用于同辈。

为什么会称“足下”？“足下”以及同类称谓乃是古代“以卑达尊”风习的反映。所谓“以卑达尊”，就是在森严的等级制下，下级与上级谈话时，不敢直呼其名号，而用称呼其身前地位较低的侍从、僚属的办法来代替，称卑以达尊。特别在君主面前，往往称君主阶前足下的侍从，用来代称高堂之上的君主。《战国策·秦策三》“望见足下而入之”，鲍彪注：“不斥王，故指其足下之人，犹陛下也。”陛者阶也，陛下就是阶下。这种“以卑达尊”的称呼，古代还有，如“执事”“左右”等都是如此。

了解了“足下”所以作为尊称的来历，这一系列称呼就都好理解了。明陆容《菽园杂记》卷一三说：“古人称呼简质，如足下之称，率施于尊贵者，盖不能自达，因其足下执事之人以上达耳。后世遂定以天子称陛下，诸王称殿下，宰相称阁下。今平交相谓亦称阁下，闻人称足下则不喜矣。”此说大体正确，只是太略。我们再加点说明。

“陛下”，用于称君主，习见。蔡邕《独断》卷上：“陛下者，陛，阶也，所以升堂也。天子必有近臣执兵陈于陛侧，以戒不虞。谓之陛下者，群臣与天子言，不敢指斥天子，故呼在陛下者而告之，因卑达尊之意也。”战国时已经使用。

“殿下”，本义是宫殿的阶陛之下，由于汉代“殿”的地位比“宫”稍低一点，故而就称侯王为“殿下”。最早见于《三国志·魏书·杜袭传》：“若殿下计是邪，臣方助殿下成之。”唐以后，一般多用于称皇太子。宋人高承《事物纪原》卷二：“汉以来，皇太子、诸王称殿下，汉之前未闻。唐初，百官于皇太后亦称之，百官洎东宫官，对皇太子亦呼之。今虽亲王亦避也。”

“阁下”，与“殿下”相近。唐赵璘《因话录》卷五说：“古者三公开阁，郡守比古之侯伯，亦有阁，所以世之书题有阁下之称……今则一例阁下，亦谓上下无别矣。”

“节下”，主要用于魏晋时期。“节”是军中权力的象征，大将常用“持节”“假节”之衔，故而对高级武将尊称为“节下”，如《晋书·殷仲堪传》：“愿节下弘之以道德。”

“麾下”，也是对将帅的尊称。麾下的本义是在将帅的指挥旗之下，如《史记·魏其武安侯列传》：“驰入吴军，至吴将麾下。”以卑达尊，遂成为对将帅的一种尊称，如《三国志·吴书·张纮传》："愿麾下重天授之姿，副四海之望。"

"毂下"，本义是车下，故而也可以用作以卑达尊之称。《晋书·慕容廆载记》："遣使与太尉陶侃笺曰：'明公使君毂下。'"

以上一组尊称，可以看作一个系列。在这个系列之外还有一个相近的"膝下"。"膝下"本义是指依附在父母膝前的幼儿，以卑达尊，就可用于对父母的尊称，如《初学记》卷一七载刘柔妻王氏《怀思赋》："想昔日之欢侍，奉膝下而怡裕。"

七 "君"及其相关称谓

"君"之本义是发号施令之掌权者，《仪礼·丧服》"君，至尊也"，故而引申为使用范围很广的尊称。早在先秦时期，就可以称祖先、父母、丈夫、客人，到了汉代的使用范围就更宽，而且已深入民间，在歌谣中比比皆是。从古代到近代，"君"一直是最常见的尊称之一，上至称帝王为"人君"，下至称亲爱者为"郎君"，称妾为"如君"，称无定者为"某君"，乃至以拟人法称酒为“曲君”，称竹为“此君”，称虎为“山君”，称鼠为“社君”，可谓举不胜举。关于“君”的用法，有两点值得注意：一是只要是出于礼貌，上司对下级、长辈对晚辈也可称君，特别是对死者更是普遍称君，“碑志之称君，固不论尊卑也”（梁玉绳《志铭广例》卷一）；二是男女均可称君，夫妻可以互称，甚至兄对妹也可称君，如王安石为其妹所写墓志就称“君为妇而妇，为妻而妻……皆可誉叹，莫能间毁”（见《王临川集》卷九九《长安县太君王氏墓志》）。

有关“君”的尊称较多，我们只介绍几个与古代典章制度有关的称呼，如下。

“主君”，主要是春秋战国时称诸侯及卿大夫。《左传·昭公二十九年》“齐侯使高张来唁公，称主君”，又孙诒让《墨子间诂·贵义》“战国时主君之称，盖通于上下”。

“君侯”，最早用于称已封侯者，如秦代称文信侯吕不韦、西汉称魏其侯窦婴。“自汉以来，君侯为贵重之称，故口语相沿，凡称达官贵人皆为君侯耳”（《陔余丛考》卷三六《君侯》），如李白《与韩荆州书》：“安敢不尽于君侯哉！”

“使君”，本是汉代称呼出使各地的官员之称。《汉书·王䜣传》“使君颛生杀之柄”，颜注：“为使者，故谓之使君。”由于西汉之刺史原本是出朝监临郡县之官，故而后来就将刺史与相当于刺史之官尊称为“使君”，如汉乐府《陌上桑》：“使君从南来，五马立踟蹰。”

“府君”，本是“汉时太守之称”（《日知录·府君》），后来用以尊称相应的官员。《世说新语·言语》中，孔融称李膺为“李府君”。值得注意的是后代在碑铭中常常将死者称“府君”，对于这一用法，黄宗羲在《金石要例·称呼例》中指出：碑志之作，“名位著者称公，名位虽著，同辈以下称君，耆旧则称府君”。梁章钜在《称谓录》卷一将“府君”解释为对已故父亲、祖父和曾祖父之称是不准确的。

八 “长者”

“长者”，是古今常见的而又长期使用的尊称，最早见于《左传·哀公十六年》：“余知其死所，而长者使余勿言。”杜预注：“长者谓白公也。”而且在特殊情况下还可以用于自称，《史记·伍子胥列传》：“今若听谀臣言

伍子胥像

三才圖會　人物四卷　二十八

伍員字子胥楚人伍奢之子奢誅奔吳以吳兵入郢鞭平
王尸後事夫差敗越于夫椒越王請成子胥言不可太宰
伯嚭受越賂許之因譖子胥夫差怒賜以屬鏤之劍員遂
自刎吳人憐之立祠江上命曰胥山

伍子胥像

以杀长者。”这是著名的“忠臣伍子胥”临死前仰天长叹之词，且与“谀臣”相对，是一种特殊的自尊之称。这以后，“长者”的使用十分普遍，如窃符救赵的信陵君、为孟尝君市义的冯谖、自杀以助荆轲的田光和樊於期等，都被称为“长者”。《韩非子·诡使》解释说“重厚自尊，谓之长者”；《史记·万石张叔列传》称直不疑“不好立名称，称为长者”，称张叔“专以诚长者处官，官属以为长者”。相反，韩信行为奸诈，故被钟离昧骂道：“公非长者。”由此可见，“长者”就是忠厚德义之人。

关于“长者”，有两点需要注意。一是在少数场合，也用来称富贵者，如《史记·陈丞相世家》：“负随平至其家，家乃负郭穷巷，以弊席为门，然门外多有长者车辙。”俞正燮在《癸巳类稿》卷一一《长者义》中的结论是正确的：“长者有三义：父兄，一也；富贵人，二也；德行高，三也。三义，注书者不可相牵涉。”二是在个别场合，“长者”也可称女性，如《史记·楚元王世家》载，汉高祖不给他侄儿封爵，是因为“其母不长者”，就是他嫂子不忠厚。由是可知“长者盖惇厚之称，初不问男女也”（宋袁文《瓮牖闲评》卷二）。

九 “官”及“官人”

大约在魏晋时期，“官”由官员之义引申为对男性的尊称，如《晋书·石崇传》中侍妾称石崇为“官”；又《卢循传》中妓妾称卢循为“官”；《南史·袁君正传》中袁君正称其父亲为“官”；又《梁武陵王纪传》中有蜀地“知星人”称萧纪为“官”。

唐代以来，称“官”者不多，称“官人”者却日渐增多（“官人”最早作为尊称，见汉乐府《那呵滩》“各自是官人”）。唐代，“有官者方得称官人也”（顾炎武《日知录》卷二四《官人》）。唐以后，就无此限制，且普遍用于妻子对丈夫之称，如宋人洪迈《夷坚志》中就多次见到“易官人”“郑官人”之类称呼。至于《水浒》中林冲被称为“官人”、《金瓶梅》中西门庆被称为“官人”，则为人们所熟知。比较特殊的用法是南宋时也将民间艺人、工匠称为“官人”，如周密《武林旧事》中就时时可见，这与当时将民间艺人又称为“待诏”“仆射”“进士”“都管”等一样，是当时的一种特殊尊称。

六 官称与地望称

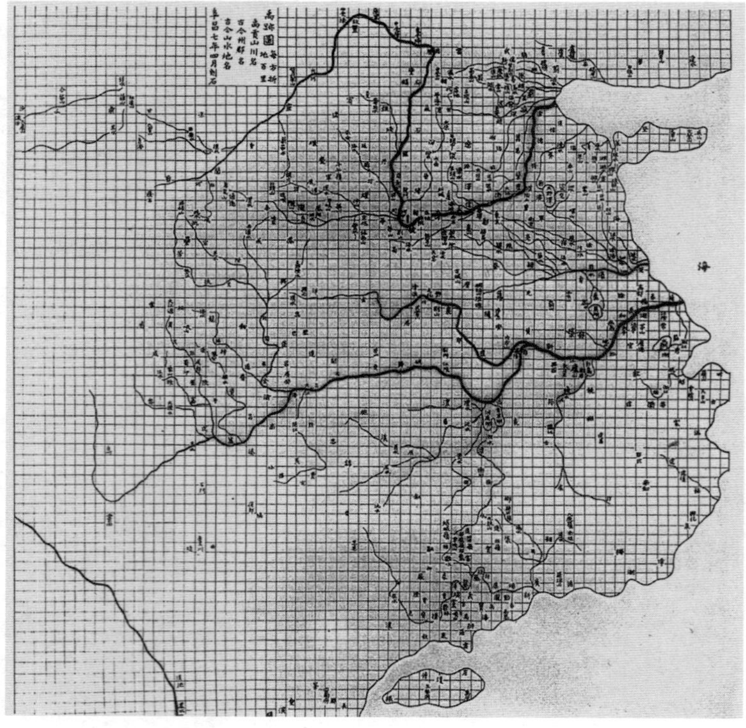

禹迹图

在与古代尊称有关的称谓中，还有一个重要的组成部分，就是对一些必须表示尊重的人物不直呼其名，而以其官衔或地望（详后）相称。这类称谓古代很常见，虽然也属于尊称这个大范围，但只用于有官爵者和有名望者，我们单列一讲进行讨论。

一　官称

我们在古代文献中所接触到的历史人物，大多数是担任过一定官职或有过某种爵位的人。古代对这些人物以官爵相称，是很自然的。当然，要在读书时比较准确地掌握古人的官称，首先必须对古代的官衔、爵级的知识有一定的了解。这方面的知识另有专书，读者可以选择参考。

自从有了比较稳定的职官制度，就出现了官称。殷代卜辞中就有“雀臣正”“小臣咏”“卜宾”“大吏弋”等（详见陈梦家《殷虚卜辞综述》第十五章《百官》），西周金文中也有“师望”“司土毛叔”“司马井伯”“史述”“作册益”“小臣单”等（详见张亚初、刘雨《西周金文官制研究》）。当时的官称都是官衔在前、人名在后，这是其特点。

秦汉时期，对人以官称相称者逐渐增多，魏晋以后则蔚成风气。我们在古代文献中所见到的种种官称，大约有以下几种情况。

一、直接以官衔相称。如《史记》有《萧相国世家》《曹相国世家》《陈丞相世家》，这就是在以官衔直接称呼西汉初年担任相国的萧何、曹参和担任丞相的陈平。又如《三国志·魏书·王修传》：“成吾军者，王别驾也。”王别驾即王修，因为他当时任青州别驾。再如《儒林外史》第四回的“汤知县”，即指汤奉，因为他在书中是高要县知县。以上几例都是以其所任官衔直接相称的，按理说，这类官称应当是古代官称的主体，可实际上这类官称却只占古代官称的很少数。这是因为，古代官衔名称一般都在三字以上，在用作口语的称呼时，为了方便，在大多情况下都只以二字相称，也即是用省称。此外，唐宋以来，特别是明清时期，在相称时，往往不呼其实际官衔，而以古代相应的官衔相称。

二、用省称。如上所述，古人以官衔相称时，在大多数情况下都是用二字省称，如杜甫《春日忆李白》诗：“清新庾开府，俊逸鲍参军。”这里的“庾开府”是指庾信，他曾担任北周的骠骑大将军、开府仪同三司。“开府”二字，就是“开府仪同三司”这一散官称号的省简。“鲍参军”指鲍照，他曾担任南朝刘宋的临海王前军参军，“参军”二字就是“前军参军”这一官职的省简。这类省称在古代使用得十分普遍，而很多初学者却对此感到十分陌生或难以理解，所以笔者在这里举出几位人们比较熟悉的古代文学家为例，作点解释。

阮籍，曾任步兵校尉，世称阮步兵，他的诗文集就叫《阮步兵集》；

嵇康，曾拜中散大夫，世称嵇中散，他的诗文集就叫《嵇中散集》；

潘岳，曾任黄门侍郎，世称潘黄门，他的诗文集就叫《潘黄门集》；

王羲之，曾任右军将军，世称王右军，这个称呼一直用到今天；

丘迟，曾任司空从事中郎，世称丘司空，他的诗文集就叫《丘司空集》；

王维，曾任尚书右丞，世称王右丞，他的诗文集就叫《王右丞集》；

高适，曾任散骑常侍，世称高常侍，他的诗集就叫《高常侍集》；

杜甫，曾任左拾遗，故而被称为杜拾遗，又因任过检校工部员外郎，故又称为杜工部，他的诗文集就叫《杜工部集》；

钱起，曾任考功司郎中，也称钱考功，他的诗集就叫《钱考功集》；

张籍，曾任太常寺太祝，故称为张太祝，他又任过国子司业，故又称为张司业，他的诗集就叫《张司业集》；

刘禹锡，曾任太子宾客，世称刘宾客，他的诗文集就叫《刘宾客集》；

柳永，曾任屯田员外郎，世称柳屯田；

苏轼，曾任端明殿翰林学士，世称苏学士。

通过上述例子，对古人的简称式的官称也就比较熟

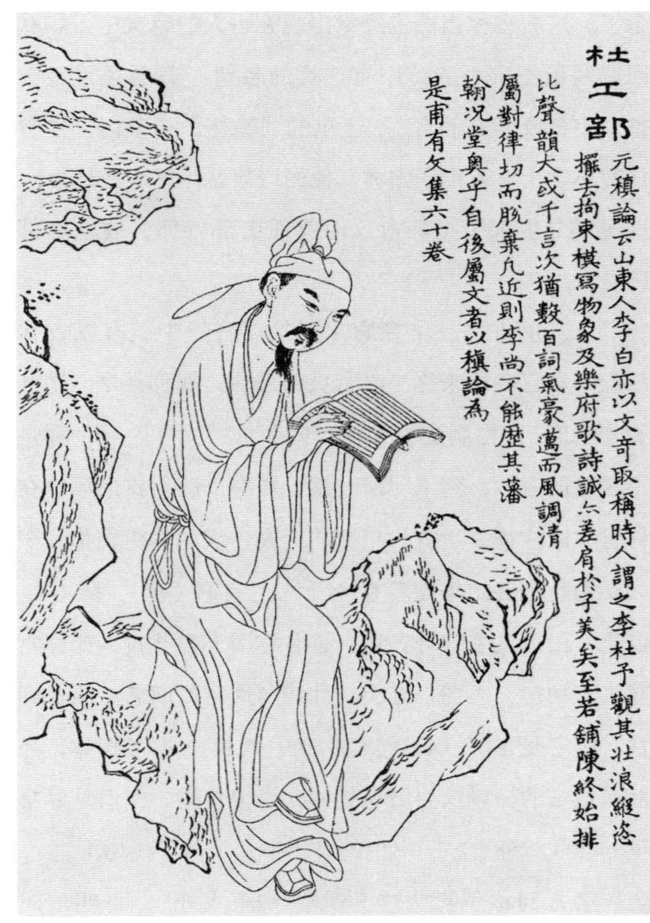
杜工部
元稹論云山東人李白亦以文奇取稱時人謂之李杜予觀其壯浪縱恣
擺去拘束模寫物象及樂府歌詩誠亦差肩於子美矣至若鋪陳終始排
比聲韻大或千言次猶數百詞氣豪邁而風調清
屬對律切而脫棄凡近則李尚不能歷其藩
翰況堂奧乎自後屬文者以稹論為
是甫有文集六十卷

杜甫像

悉了。这些官称当然也经常出现在古人的诗文中。如欧阳修写给王安石的诗中有这样的名句："翰林风月三千首，吏部文章二百年。"这里的"翰林"指李白，他曾任翰林学士，人称李翰林，他的诗集就叫《李翰林集》。这里的"吏部"指韩愈，他曾任吏部侍郎，故以吏部称之。

三、用古称。早在唐宋时期，官场中就有以古代相应的职官名称来称当时官员的习惯，如称县令、知县为"明府"，称刺史、知府、知州为"太守"等，都是用汉代的官称。到了明清时期，更有一股复古之风，在称官称时往往是用古代相应的或高一级的官衔相称。明人于慎行《谷山笔麈》卷一三说："自嘉（靖）、隆（庆）以来，士风文字雅好古风，官名称谓亦多从古，如称六卿为大司徒、大司马之类，此皆《周官》旧名，职任相合，称之是也。"以《周官》（即《周礼》）旧名相称，当然是最古的，以汉唐旧名相称，也很普遍，我们且以常见的《儒林外史》一书中的官称举几个例子，如下。

第八回称王惠为"王观察""王太守"，可明清时期并无这两种官衔。"观察"是对清代各道道员的古称，因为清代作为地方官一级的道是在省之下、府州之上的一级非正式行政区，有点类似唐代的道而又低于唐代的道。唐代的道最初是以观察使去督察一道的，故而清代就把道员称为“观察”。至于“太守”，本是汉代各郡长官之称，清代的府与汉代的郡相似而又低于汉代的郡，故而就把知府称为“太守”。王惠官居江西南昌知府时，就被称为“王太守”；当他升任江西南赣道时，就被称为“王观察”。

第八回写到当时文人为抬高自己的身价，表示自己常与官场中人往来，就在自己的诗集中故意编一些与“相国某大人”“鲁太史”“王观察”“某太守”“某司马”“某明府”“某少尹”的唱和之作。其实，上述这些官衔在清代统统没有。清代不设宰相，但大学士的地位与汉代的相国相似，故而称大学士为“相国”；清代不设太史令，但翰林院修撰、编修等与汉代太史令相似，故而称翰林院修撰、编修等翰林公为“太史”：清代不设司马，但各府的同知与各州的州同、州判等，知府、知州的佐贰，其职掌与唐代各州郡的司马相似，故而称各府同知为“司马”，称各州州同、州判为“州司马”。至于“明府”，是汉代对县令的尊称，清代用于对知县的尊称；“少尹”本是唐代各府州主官的助手，清代用于对州县官的助手县丞、典史、吏目等的尊称。

上述这类古称在明清相当普遍，给我们阅读明清书籍带来不少麻烦。人民文学出版社出版的张友鹤校注本《官场现形记》有一个附录《清代的官制》，在第十二小节《官员的称呼》中曾集中列举了几十种常见官衔的种种别称，其中大多属于我们所说的这类古称，虽然没有作任何解释，但列举古称较多，对大家读书颇有帮助，有兴趣的读者可以找来参看。

四、古代一些高级官员或大贵族不仅有官职，还有爵位，所以也就有称爵位的爵称，这应是古代官称的一部分。例如在《史记》的目录中，我们要找汉初最重要的大将韩信和最重要的谋士张良的传记，是看不到韩信和张良的名字的，这是因为韩信曾封为淮阴侯、张良曾封为留侯，故而司马迁为他们分别列了《淮阴侯列传》和《留侯世家》。淮阴侯和留侯是爵位，在这里也就是爵称。又如我国至今在成都、襄樊、南阳、勉县、奉节等地都保留着后人祭祀诸葛亮的祠庙，可都不叫诸葛丞相祠，而都叫武侯祠，这是因为诸葛亮曾被封爵武乡侯，死后又谥忠武侯，故而后人都以诸葛武侯相称。再如著名的《武经七书》中有《李卫公问对》一书，或称見的为限)：

正一品——(文) 太师，太傅，太保，大学士。(武) 領侍衛內大臣。

从一品——(文) 少师，少傅，少保，太子太师，太子太傅，太子太保，各部院尙書，都察院左都御史、右都御史。(武) 將軍，都統，提督。

正二品——(文) 太子少师，太子少傅，太子少保，各省总督，各部院左、右侍郎。(武) 副都統，总兵。

从二品——(文) 各省巡撫，內閣学士，翰林院掌院学士，各省布政使。(武) 副將。

正三品——(文) 都察院左副都御史、右副都御史，通政司通政使，大理寺卿，詹事府詹事，太常寺卿，順天府府尹，奉天府府尹，各省按察使。(武) 參將。

从三品——(文) 光祿寺卿，太僕寺卿，各省鹽运使。(武) 游击。

正四品——(文) 通政司副使，大理寺少卿，詹事府少詹事，太常寺少卿，鴻臚寺卿，太僕寺少卿，各省道員。(武) 都司。

从四品——(文) 翰林院侍讀学士、侍講学士，国子监祭酒，內閣侍讀学士，各省知府。(武) 城門領。

正五品——(文) 左右春坊左右庶子，光祿寺少卿，欽天监监正，六科給事中，各部院郎中，各府同知，直隶州知州。(武) 守备。

从五品——(文) 鴻臚寺少卿，各道监察御史，翰林院侍

1053

张友鹤校注本《官场现形记》之附录《清代的官制》

《卫公兵法》，乃是托唐初名将李靖之名的兵书，因李靖封卫国公，故人称李卫公。与李卫公相类的唐宋著名人物，如名相魏征曾封郑国公，故人称魏郑公；大书法家褚遂良曾封河南郡公，故人称褚河南；大政治家王安石曾封荆国公，故人称王荆公；大史学家司马光曾封温国公，故人称司马温公。

明清时期封爵不多，故而以爵号相称者少，但也有一些常见者，如明初朱元璋重要谋士刘基封诚意伯，故而他的文集就叫《诚意伯集》。清代最常见的是皇室贵族的爵称，如“恭亲王”“恭王”之类。明清时称当时人的爵称不多，但称古人却仍然常用爵称，对这一点我们应当有所注意。如清代包世臣所写的著名书法理论著作《艺舟双楫》中的《历下笔谈》在论及“草圣”张旭的书法时说：“上接永兴，下开鲁郡。”这里的“永兴”是指唐代的虞世南，他的封爵是永兴县子，故称为“永兴”；“鲁郡”则是指颜真卿，他的封爵是鲁郡公，故称为“鲁郡”。倘若不知这是古人的爵称，读到这些文字必然会莫名其妙。

古人称爵称还有一种方式，是将封王封侯者称为“邸”。邸本是王侯府第，故用以代称王侯。唐代如《全唐文》卷六四八载元稹《授薛昌朝等王傅等制》"择才以佐诸邸"，这里的"诸邸"就是诸王。宋代如《宋大诏令集》卷二〇三载《卢多逊削夺官爵配隶崖州制》："交结藩邸，窥伺君亲。"而王明清《玉照新志》卷四的"端邸龙飞，风云感会"，则更明确是指端王，即后来的宋徽宗赵佶。这种称法，在清代后期最为普遍，如吴振棫《养吉斋余录》卷二："阳湖洪编修亮吉，以违例致书成邸。"这里的"成邸"，指的是成亲王永瑆。又如袁昶《乱中日记残稿》（见《中国近代史资料丛刊·义和团》第一册）中多次所称的"庆邸"，就是指的庆亲王奕劻。这种称呼，应当视为官称的一种变异方式。

二　地望称

地望称，也是一种不直呼其名的尊称。就是以地名作为对人的称谓。其中又可以分为出生地、郡望、为官之地三种不同的来源，为了方便，笔者把这三种统称为"地望称"。

以某人的出生地的地名作为某人的称呼，这在古代比较常见，也比较好理解，我们先举几个大家比较熟悉的例子，如下。

孟浩然是襄阳人，故而人称孟襄阳，他的诗集就叫《孟襄阳集》；

柳宗元是河东人，故而人称柳河东，他的诗文集就叫《柳河东集》；

张九龄是曲江人，故而人称张曲江，他的诗文集就叫《曲江集》；

王安石是临川人，故而人称王临川，他的诗文集就叫《王临川集》；

梅尧臣是宣城人，宣城古称宛陵，故而人称梅宛陵，他的诗文集就叫《宛陵集》。

上述这些人物是大家比较熟悉的，如果遇到不太熟悉的，就令多数读者十分头痛了。明人沈德符的《万历野获编》是一部很重要的明代史籍，在卷七《阁部形迹》中有这样一段史料："弘治初年，上用刘博野、徐宜兴、刘洛阳三相。时王三原亦初为吏部尚书，与洛阳同拜命，本相善也。未几，博野欲处言官，而三原救之，已微龃龉。最后刘文泰事起，邱琼山最晚入阁，阴为之主，孝宗眷注顿衰，三原因以见逐。至上末年，马钧阳以十二年本兵加少傅，改吏部，最称耆夙。洛阳公已为首揆，李长沙、谢余姚次之，三相咸负物望。而刘华容新入为本兵，戴浮梁亦起为台长，二人俱为上所重，而眷刘尤深。”这段话提到了一批明孝宗年间政坛上的重要人物，全部不称本名，全都以出生地相称：刘博野即刘吉，他是河北博野人；徐宜兴即徐溥，他是江苏宜兴人；刘洛阳即刘健，他是河南洛阳人；王三原即王恕，他是陕西三原人；邱琼山即丘濬，他是广东琼山人；李长沙即李东阳，他是湖南茶陵人，因茶陵属长沙府，故称李长沙；谢余姚即谢迁，他是浙江余姚人；马钧阳应作马钧州，当是原书笔误，即指马文升，他是河南钧州人；刘华容即刘大夏，他是湖南华容人；戴浮梁即戴珊，他是江西浮梁人。上述这类记载，在明清文献中时时可见，会给我们读书带来很多麻烦。清末一批著名的历史人物，如康有为被称为康南海、翁同龢被称为翁常熟、李鸿章被称为李合肥、曾国藩被称为曾湘乡、张之洞被称为张南皮、袁世凯被称为袁项城，都是以其出生地的地名相称的。清末有一副饱含讥刺的名联：“宰相合肥天下瘦；司农常熟世间荒。”就是巧妙地用了李鸿章与翁同龢的地望称的嵌名联。

明清时期以地望作为人名称呼的各种记载中，最令后人感到头痛的是有的文人在行文时，称古人之地望时不如上引《万历野获编》那样加上姓，写作“徐宜兴”“刘洛阳”之类，而是姓也不加，只写地名。上引包世臣在《艺舟双楫》中就往往如此，诸如书中的《历下笔谈》中的“平原于茂字少理会，会稽于密字欠工夫”；《跋荣郡王临快雪内景二帖》中的“华亭力排吴兴”“此诸城之所以或过华亭也”之类，不熟悉者读之真如坠雾中。原来包世臣在这些地方多是以出生地来作为一些书法家的称呼的：“会稽”指徐浩，“华亭”指董其昌，“吴兴”指赵孟頫，“诸城”指刘石庵（刘墉）。

古代以地名为人的称呼的第二种情况，是以郡望为称。

郡望是魏晋南北朝时期兴起的社会风尚，本指某一地区（多指某郡）最有名望的豪门大族，时称“望族”，著名者如颍川荀氏、颍川陈氏、平原华氏、河东裴氏、河东卫氏、山阳郗氏、扶风苏氏、京兆杜氏、琅琊王氏、陈郡谢氏、清河崔氏、范阳卢氏、荥阳郑氏、太原王氏、陇西李氏等。由于北方一般以某郡论某姓，故而某郡的望族又称为某郡的“郡望”“郡姓”；东南吴地又称为“吴姓”，东晋时由北方南迁者又称为“侨姓”。

赵孟𫖯绘《饮马图》

在“高门华阀，有世及之荣；庶姓寒人，无寸进之路”（赵翼《廿二史劄记》卷八《九品中正》）的魏晋南北朝时期，“郡望”成了十分重要的东西，如著名学者钱大昕所说“自魏晋以门第取士，单寒之家，屏弃不齿，而士大夫始以郡望自矜”（《十驾斋养新录》卷一二《郡望》）。这种风尚，到了唐代仍有很大影响。唐初，“取前世仕籍，定以博陵崔、范阳卢、陇西李、荥阳郑为甲族，唐高宗时又增太原王、清河崔、赵郡李，通谓七姓……陇西李氏乃皇族，亦自列在第三，其重族望如此”（沈括

《梦溪笔谈》卷二十四）。直到唐文宗时，这位当朝天子还在愤慨："我家二百年天子，顾不及崔、卢耶！"（《旧唐书·杜兼传附杜中立传》）所以当时不少人都很讲究如何去追溯、攀比、显示自己祖先的族望，以出生于望族为荣。如果自己的祖先并非望族，也要设法与同姓的望族联系起来，在谈自己的身世时，则故意不提自己的出生地，而称自己的郡望所在郡名。同样道理，在与对方交往时，为了表示敬意，为了使对方感到荣耀，也往往这样相称，"言王必琅邪，言李必陇西，言张必清河，言刘必彭城，言周必汝南，言顾必武陵，言朱必沛国，其所祖何人，迁徙何自，概置弗问"（《十驾斋养新录·郡望》）。如果要尊称对方，也就"不用其人所居之本贯，而惟以族姓著望，冠于题名"（章学诚《文史通义·繁称》）；"李姓者称陇西公，杜曰京兆，王曰瑯邪，郑曰荥阳，以一姓之望而概众人"（何孟春《余冬序录》卷四十九）。

上述情况，就是我们今天已很难理解的"郡望"和以"郡望"相称的由来。以"郡望"相称，即以古人的郡望所在地的地名相称，是古人以地名相称的一个部分。例如杜甫，他自称"杜陵布衣""杜陵野老"，别人也以“杜陵”称他。又陆游《感旧》诗“我思杜陵叟，处处有遗迹”；清人陈廷焯《白雨斋词话》卷九“诗至杜陵而圣，亦诗至杜陵而变”。可是，杜甫并不生于关中杜陵，而是生于河南巩县，所以称他为“杜陵”，就因为从汉代开始，京兆杜陵的杜氏就是当地名门望族，晋代名将兼学者杜预正是杜陵人。直到唐代前期，杜氏与韦氏仍是京兆望族，有“城南韦杜，去天尺五”之谣。杜甫是杜预的十三世孙，按郡望相称，所以就称他为“杜陵”。又如韩愈，自称“昌黎韩氏”，旁人称他

韩愈像

“韩昌黎”，他的诗文集由门人李汉编成后，也叫《昌黎先生集》。可是韩愈并不生于河北昌黎，而是生于河南河阳。昌黎的郡望正是韩氏，故而对韩愈也就以昌黎相称。再如苏轼，本是西蜀眉州人，可有时却自称“赵郡苏轼”（如《亡妻王氏墓志铭》），就因为赵郡是苏氏的郡望。以郡望相称还有一个著名的例子，就是关于“河东狮吼”的典故。据洪迈《容斋三笔》卷三《陈季常》载：“陈慥，字季常……自称龙丘先生……好宾客，喜蓄声妓，然其妻柳氏绝凶妒，故东坡有诗云：‘龙丘居士亦可怜，谈空说有夜不眠。忽闻河东师子吼，拄杖落手心茫然。’”苏东坡在这里正是以“河东”代称柳氏，因为河东是柳氏的郡望所在。

以族望相称，唐代为多，宋代也有，以后就少见了。清人王士禛在《池北偶谈》卷二二《族望》说：“唐人好称族望，如王则太原、郑则荥阳……虽传志之文亦然。迄今考之，竟不知为何郡县人，殊可恨……至明乃无之。”他对唐代事分析得不错，但说“明乃无之”就太绝对了，只能说很少。如明人郑真本是鄞县人，其文集却叫《荥阳外史集》，因为荥阳正是郑氏郡望所在。清代著名学者毛奇龄本是萧山人，却自称西河毛氏，也是因为西河是毛氏的郡望所在。

古代以地名作为人的称呼的第三种情况，是对某些曾较长期在某地做地方官的人，以其为官之地的地名称之。我们仍以著名的文学家为例，如下。

孔融曾任北海相，世称孔北海，后人辑其诗文为《孔北海集》；

陆机曾任平原内史，世称陆平原；

谢朓曾任宣城太守，世称谢宣城，后人辑有《谢宣城集》；

陶渊明曾任彭泽县令，世称陶彭泽；

骆宾王曾任临海县丞，世称骆临海，所以他的诗集就叫《骆临海集》；

岑参曾任嘉州刺史，世称岑嘉州，所以他的诗集就叫《岑嘉州诗集》；

刘长卿曾任随州刺史，世称刘随州，他的诗文集就叫《刘随州诗集》和《刘随州文集》；

韦应物曾任江州刺史和苏州刺史，故既称韦江州，又称韦苏州，他的诗集既称《韦江州集》，又名《韦苏州集》；

柳宗元曾任柳州刺史，世称柳柳州；

贾岛曾任长江县主簿，世称贾长江，他的诗集就叫《长江集》；

这种称呼，死后可称，生前也可称，如南宋词人刘克庄有名篇《贺新郎·送陈真州子华》。这里的“陈真州子华”，真州是地名，陈子华官居真州知州，故而称为陈真州。

还要指出的是，这种称呼在宋代以后很少使用。

讳　称

史諱舉例卷二

避諱之種類

第五　避諱改姓例

避諱改姓之例甚多，俗說相傳，有不盡足據者。通志氏族略云：

籍氏避項羽諱，改為席氏。
奭氏避漢元帝諱，改為盛氏。
莊氏避漢明帝諱，改為嚴氏。
慶氏避漢安帝父諱，改為賀氏。
師氏避晉景帝諱，改為帥氏。
姬氏避唐明皇諱，改為周氏。
弘氏避唐明皇諱，改為洪氏。
淳于氏避唐憲宗諱，改為于氏。
啖氏避唐武宗諱，改為澹氏。

按元和姓纂一：弘氏避高宗太子弘卒謚孝敬皇帝諱，改

陈垣《史讳举例》内页

在我国古代称谓中，有一种在全世界都可谓比较少见的现象，就是为了尊重别人而用避讳的方法改变原有的称谓而形成一种新的称谓。这种改变所涉及的面相当广：不仅改名，而且改姓；不仅改自己的姓名，而且改他人的姓名；不仅改在世之人之名，而且改已故之人之名；不仅改姓名，而且改其他称谓（当然，还要改称谓之外的一些字词）。这样一来，就给后人带来若干麻烦，特别是给今天阅读古代文献带来若干障碍，产生若干误解。所以我们有必要将这种现象（其中大多数情况可以视为特殊的尊称）作为一讲，专门加以讨论。

所谓“讳”，《说文》释为“誋也”（按：誋，古同“忌”），《广雅·释诂》释为“避也”，《玉篇》释为“隐也，避也，忌也”。“讳”字从言从韦（韦即古违字）会意，就是在语言（包括语言的书面表达形式文字、文句，由于今天我们不能闻古人之语，故所见者就都是文字与文句了）中有所忌而必须避开、隐去的意思，今天仍叫“避讳”“忌讳”。避讳的原因较多，其最主要的原因是出于对某些人物的尊敬或畏忌，不能直呼其名字，而对其名字所用的字加以回避，凡涉及其名字所用字之处，均改用其他方式来表示。这种情况，可以视为古代尊称的走向极端与扩大。

避讳之俗，最早见于西周，但在整个先秦时期发展很慢。秦统一六国之后，帝王的地位急剧增高，避讳才逐步被推广开来。从秦汉到唐宋，避讳的总趋势是越来越严，在宋代到达极盛。元代大幅度降温，明清时也讲避讳，但较之唐宋，应算是相当宽松的。

历代避讳的范围并无统一规定，但长期以来都沿用了《公羊传·闵公元年》的一句话：“为尊者讳，为亲者讳，为贤者讳。”《公羊传》在这里本来是讲的《春秋》一书中对尊者、亲者、贤者的过失避而不谈，加以隐讳。但这种隐讳与后来的避讳同出一源，范围相近，所以就把这句话借用来概括避讳，就是说，凡是尊者、亲者、贤者的名字，都要考虑避讳。尊者，主要指帝王（包括帝王的父、祖）及高官的名字，在少数情况下还包括帝王的年号；亲者，主要指直系亲属的长辈，特别是父、祖的名字；贤者，主要指师长的名字。上述各种“名字”，又着重在“名”，即人名用字。

避讳的方式较多，大致可以归纳为四种：改字法、空字省字法、缺笔法、加注法。

改字法。正如《颜氏家训·风操》所言“凡避讳者皆须得其同训以代换之”，就是以同音字、同义字、近音字、近义字来代替应避讳之字，这是避讳最常用的方法。例如：秦始皇统一天下之后，第一次在全国正式实现统一的避讳。秦始皇名“政”，全国不得用“政”字及其同音字。正月或改称为端月，《史记·秦楚之际月表》司马贞《索隐》：端月，“正月也，秦讳正，故云端月也”；或改读正音为征，《史记·秦始皇本纪》张守节《正义》：正月，“正音政，周正建子之正也……后以始皇讳，故音征”。这种读正月之“正”音为征的习俗，一直保持了下来，“书史释音皆音正月之正为征也”（宋王观国《学林》卷三《名讳》）。在《史记·秦始皇本纪》中，“卢生曰‘不敢端言其过’，秦颂曰‘端平法度’，曰‘端直厚忠’，皆避‘正’字也”（宋王楙《野客丛书》卷九《古人避讳》）。不仅秦始皇之名要避讳，秦始皇之父秦庄襄王之名也要避讳。《史记·秦始皇本纪》

“二十三年，秦王复召王翦，强起之，使将击荆”，张守节《正义》曰“秦号楚为荆者（按：楚古又称荆，故而楚和荆可以通用），以庄襄王名子楚，讳之，故言荆也”。又如西汉，帝王名一般都要避讳。高祖名邦，不能称邦而称国，故而战国时的官名相邦改叫相国；惠帝名盈，不能称盈而称满，《史记》中“万盈数”都写作“万满数”；吕后名雉，不能称“雉”而称为野鸡（这个称呼从《史记·封禅书》一直用到今天）；文帝名恒，不能称“恒”而称常，北岳恒山就改称为常山；景帝名启，不能称“启”而称开，殷代的微子启就改名微子开；武帝名彻，不能称“彻”而称通，秦末汉初名士蒯彻就被改称为蒯通；宣帝名询，不能称“询”，大思想家荀卿就被改称为孙卿。就以上述这些常见的例子来看，已经涉及四个有关称谓的讳称了：相国、微子开、蒯通、孙卿。我们在读书时所遇到的大量的讳称，基本上就是这样来的。

空字省字法。就是在书写中遇到应避讳之字时，或空一格，或画一个方框，或干脆将此字省去。这些方法在较早版本的书籍中出现较多，如百衲本《南齐书·豫章文献王传》：“前侍幸□宅。”这里所空处，本是“顺之”二字，指萧顺之，乃是梁武帝之父。《南齐书》作

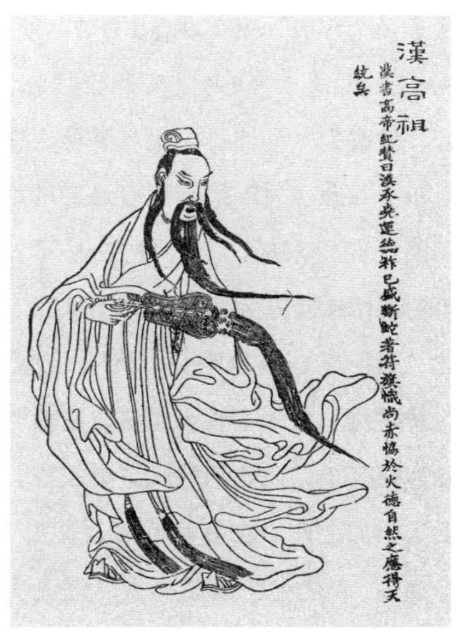

汉高祖像

者萧子显是梁人，避讳“顺之”，就用了空缺的办法来表示避讳。又如宋洪迈《容斋三笔》卷一〇《鄂州兴唐寺钟》条载，唐代末年，杨行密割据淮南，因杨之父名而讳“夫”字（杨父名怤，与夫同音），辖区内鄂州兴唐寺铸钟，在铭文中有两位官员的结衔是“金紫光禄大检校尚书左仆射兼御史大陈知新”“银青光禄大检校尚书右仆射兼御史大杨琮”。很明显，在四处“大”字之下都有意少写了一个“夫”字（以后杨行密称帝，干脆将各级官员之“大夫”都改为“大卿”或“大宪”）。这种省字法用于人名，就成为一种讳称，极容易使人误解，如杜佑《通典》卷一五九《兵》第一二有这样的话“大唐武德中，太宗围王充于东都，王充势穷……”，这个“王充”，本指的是隋末唐初赫赫有名的王世充。唐代避太宗李世民之“世”字，或改写为“代”，或省去，杜佑在这里用的就是将“世”字省去之法，这就与汉代大哲学家王充混为同名了。又如隋代大将韩擒虎，唐代因避高祖李渊祖父李虎之讳，在书写时常常省去“虎”字而只写为“韩擒”；宋代名将潘美，本名潘光美，因宋代避宋太宗赵光义之讳，省去“光”字，只称潘美，这个讳称一直用到现在。

缺笔法。就是在写字刻书时遇到应避讳之字，不改不空，而将该字少写一笔两笔，表示自己并未直书该字，是改了字的，但又不影响读者对文义的理解。《册府元龟·帝王部·名讳门》载唐高宗显庆五年正月诏：“孔宣设教，正名为首，戴圣贻范，嫌名不讳。比见钞写古典，至于朕名，或缺其点画，或随便改换。恐六籍雅言，会意多爽；九流通义，指事全违。诚非立书之本意。自今以后，缮写旧典文字，并宜使成，不须随义改易。”由此观之，“缺其点画”的避讳方法在唐初就已经出现了。这种方法唐以后长期使用，如宋人周必大在《文苑英华》的序中就谈到当时的规矩之一：“凡庙讳未祧，止当缺笔。”古文献中常见之例如“丘”字作“⼁”，“玄”字作“玄”，“中”字作“中”，“恒”字作“恒”，“朗”字作“朗”，等等。

加注法。在过去各种有关论述中都没有这种提法，是笔者尝试着所作的一种概括。就是指古人对应避讳之字不写，而用一个至几个字作加注式的说明，指出这是一个避讳字，并说明这是在避讳某字。例如：

《尚书·金縢》作于战国，甚至可能更晚，其中有“惟尔元孙某”，这个“某”，表明这里是在避讳，所讳者，从全文看，是指周武王姬发之发。伪《孔传》解释说：“元孙，武王。某，名。臣讳君，故曰某。”

《史记·孝文本纪》：“子某最长，纯厚慈仁，请建以为太子。”这个“某”，也是表明此处避讳，是指的汉景帝刘启之“启”。

《宋书·武帝纪》：“荆州刺史宜都王讳进号镇西将军。”这个“讳”，表明此处有避讳字，是指的宋文帝刘义隆之“义隆”。

《旧唐书·睿宗纪》:“临淄王讳举兵。”这个“讳”与上相似，代称临淄王之名，即后来的唐玄宗李隆基的“隆基”。

以上情况，只用了一个字。更多的情况是用“庙讳”“圣讳”“上讳”“今讳”“御名”之类来表示，其注释作用就更为明显。如百衲本《汉书》的底本是南宋重刻本(配元刊本)，在《艺文志》中写到《盐铁论》的作者桓宽时，不写“桓”字，而说“渊圣御名”，表示这里是宋钦宗赵桓之名“桓”，避讳未写。又如宋人柳开《河东先生集》卷一《乞驾幸表》:“日月御名明，天地肃穆。”此表写于宋真宗时，这个“御名”，就是宋真宗赵恒之名“恒”字，故而此处应是“日月恒明，天地肃穆”。

加注法中最烦琐的是用一句话来起注释作用。如欧阳修《归田录》中有一条《三馆谓文馆、史馆、集贤院》(此条见《皇宋事实类苑》《锦绣万花谷》等书所引，不见于今本文集中，中华书局标点本编入《佚文》)。《皇宋事实类苑》的引文，在“谓”与“文”字之间，作者自注:“字同宣祖庙讳上一字。”“宣祖”，指宋太祖之父赵弘殷，其“庙讳上一字”就是“弘”字。这就表明，“谓”与“文”之间，应有一个“弘”字，三馆之首，叫“弘文馆”。又如宋人宋敏求《春明退朝录》卷上：“唐制，宰相四人，首相为太清宫使，次三相皆带馆职，洪文馆大学士、监修国史、集贤殿大学士，以此为次序。”在“洪”字下，作者自注：“正字犯宣祖庙讳。”这就是在向读者说明：这个“洪”字不是正字，即不是本字，是代用字。本字犯了宣祖名字之讳，就是上一例中的“弘”字，“洪文馆”应是“弘文馆”。上述这类加注法一直到清代仍有使用，如清末张之洞撰《輶轩语》，还用“高宗纯皇帝庙讳下一字”来表示弘历之“历”字。

改字法、空字省字法、缺笔法、加注法，是古人避讳所用的四种主要方法。此外还有讳及偏旁、避讳改读音等方法，因使用较少，与我们在这里所讨论的称谓避讳关系也不大，所以就不再详述。

由于有上述这种避讳的习尚，就必然在古代产生若干被更改之后的新的人名，这就是我们所指的“讳称”。讳称上起亲王（如宋太祖赵匡胤称帝后，他的兄弟赵匡义就改称赵光义；清雍正帝胤禛即位之后，诸皇兄弟名中的“胤”字改为“允”字），下及平民，甚至连轩辕在宋代也要避讳（详见《十驾斋养新录·宋人避轩辕字》）。当时的避讳后人往往沿用不改，如上面提到的汉代将蒯彻改称蒯通，一直沿用至今；又如汉代避汉明帝刘庄之讳，将东汉初名士庄光改称严光，也一直沿用至今，他在富春江上的隐居之地至今仍称为严子陵（光字子陵）钓台。

和其他避讳相似，讳称的出现大致有三种情况，如下。

第一种，也是最主要的一种，是避帝王名，古人称这种避讳为“庙讳”“国讳”。有的因要避几个帝王之讳，还被改名数次，出现了几个讳称，例如：

唐代著名史学家刘知几还在世时，就因避唐玄宗李隆基之“基”，不称名称字，人称为刘子玄。到了清代，又要避康熙帝玄烨之讳，清人笔下改称为刘子元。

清康熙年间的诗坛领袖王士禛去世之后十一年，雍正帝胤禛即位，遂将王士禛改称王士正；乾隆帝即位后认为不妥，专门下谕：“士正名以避庙讳致改，字与原名不相近，流传日久，后世几不复知为何人。今改为士祯，庶与弟兄行派不致淆乱。各馆书籍记载，一体照改。”（《清史稿·王士祯传》）于是，他又被称为王士祯。

宋代著名政治家文彦博，“本姓敬，其曾大父避石晋高祖（按：即后晋的石敬瑭）讳，更姓文。至汉（按：指五代的后汉）复姓敬。入本朝，其大父避翼祖（按：指赵匡胤之祖父赵敬）讳，又更姓文”（邵博《邵氏闻见后录》卷二十一）。

古人因避“庙讳”而改姓改名者甚多，不仅牵涉天下臣民，还要改动各种古籍。所以古代一些比较开明的帝王对此事采取了若干措施，以减少这些麻烦。治表的办法是下令缩小避讳范围，如唐太宗于即位前夕的武德九年下令：“依礼，二名不偏讳。近代以来，两字兼避，废阙已多，率意而行，有违经典。其官号、人名、公私文籍，有‘世民’两字不连续者，并不须讳。”（《旧唐书·太宗纪上》）治本之法，则由帝王将名字由常见字改为罕见字，以减少大量避讳产生的麻烦。最早采取这一办法的是汉宣帝，本名病已，改名为询，为此还专门下了关于“触讳”的诏书，见《汉书·宣帝纪》元康二年五月。其后仿之者有南燕的慕容德，称帝之后改名慕容备德，“以为复名，庶开臣子避讳之路”（《南燕录》三）。宋太宗赵光义即位之后，改名为炅，“旧名二字，今后不须回避”（李攸《宋朝事实》）。以后，南宋的孝宗、理宗、度宗等，即位后都改用了冷僻字为名。还有一些帝王在给皇子取名时就注意不用常见字。早在西汉初年，贾谊就在《新书·胎教》中阐述过这一主张："卜王太子名，上毋取于天，下毋取于地，中毋取于名山通谷，毋悖于乡俗。是故君子名难知而易讳也，此所以养隐之道也。"这也正是我们今天所见到一些古代帝王名是一些冷僻字的原因。如宋代帝王名中的顼、煦、佶、昚、惇、昀、昰、昺，明代帝王名中的炆、棣、祁、樘、熜、垕、垩，清代帝王名中的烨、禛、琰、旻、詝、湉等都是如此。

关于古代帝王名字的避讳，还有两点需要注意：一是除帝王，帝王的父、祖父也要避讳，有时，皇后以及皇后的父母乃至祖父的名字也要避讳。特别是后者，往往会使人忽略。限于篇幅，这里只举两例。《晋书·虞预传》"本名茂，犯明穆皇后母讳，故改焉"；《宋史·石元孙传》"始名庆孙，避章献太后祖讳，易之"。二是有几个实力较强大的农民起义政权，仿封建政权之例，也讲避讳。太平天国避讳颇繁，这是人们所熟知的。又如明末的李自成大顺政权和张献忠大西政权也都讲避讳。

第二种，是避高官、权臣名字之讳。这只见于魏晋至唐宋时期，且多见于改地名和改官名，改人名者少见，如北宋权臣蔡京为相时，京东、京西并改为畿左、畿右，蔡经国改名纯臣；南宋章惇为相时，安惇见之，自称名为享；南宋方岳为赵南仲下属，因赵父名方，故改姓为万，以后又为丘岳下属，又改名为方山（以上俱详见周密《齐东野语·避讳》）。

古人为著名人物避讳还有一种情况，不是出于敬畏，而是出于仇恨而耻于与之同名，讳犹不及。如北宋王皞字子融，因痛恨进攻北宋的西夏首领李元昊，不愿与元昊之“昊”同音，故废名不用，改以字为名（见《宋史·王子融传》）；明末清初的李嶍和与李嘉兆因痛恨推翻明王朝的李自成，遂改姓为理（见全祖望《鲒埼亭集·南岳和上退翁碑》）。

第三种是家讳，即为父辈、祖辈讳。如司马迁之父名司马谈，故而《史记》中的赵谈改写为赵同，张孟谈改写为张孟同；范晔之父名范泰，故而他在《后汉书》中改郭泰为郭太，改郑泰为郑太；司马光之父名司马池，故而他给韩持国写信时，改作韩秉国（见《十驾斋养新录·文人避家讳》）；清人吕无党因自己是名士吕留良之后，在抄书时凡“留”字均缺笔（见张元济《涉园序跋集录》)。

有关古人的讳称，除了上述三种最普遍的避讳，还有以下几种情况也是值得注意的。

第一，既非帝王也非高官的孔子，可以说是古代避讳史上最重要的人物。唐以前，孔子并未受到特殊的尊宠，唐人诗文中时常直呼其名。唐代以后，孔子逐渐成为至高无上的历史人物，从北宋开始，就对孔子之名“丘”严格避讳，凡遇到孔丘之“丘”，读作“某”，或读作“区”，笔下则写作“丘”。清雍正三年之后，经书中仍写作“丘”，其余俱写作“邱”，读音则读作“期”。今天常见的“邱”字就是清雍正三年之后才出现的。

第二，除了帝王的名字要避讳，古代个别帝王还宣布过少数必须避讳的禁用字，这也会产生若干讳称。北宋徽宗政和年间，“禁中外不许以龙、天、君、玉、帝、上、圣、皇等为名字。于是毛友龙但名友，叶天将但名将，乐天作但名作，句龙如渊但名句如渊，卫上达赐名仲达，葛君仲改为师仲，方天任为大任，方天若为元若，余圣求为应求，周纲字君举改曰元举，程振字伯玉改曰伯起，程瑀字伯玉改曰伯禹，张读字圣行改曰彦行”。直到宣和七年，徽宗才接受“臣僚建请”下诏说这些禁用字“既非上帝名讳，又无经据，谄佞不根，贻讥后世，罢之”（《容斋续笔·禁天高之称》）。又如明武宗四年，大宦官刘瑾专权独断，又下令“禁臣民不许用‘天’等字为名，如郎中方天雨但令名雨，参议倪天民为倪民，御史刘天和为刘和。中外纷纷，尤为可异。……明年瑾以逆诛……谨诛而禁废，人皆复其旧名矣”（陈洪谟《继世纪闻》卷二）。这种情况不是常见现象，但不能不知。

第三，作为古代的讳称，绝大多数情况都是指姓名的避讳，但由于地名、官爵、年号、谥号都可以作为古人的称谓，所以当这些称谓避讳时，也就可能成为古人的讳称。例如，北宋王旦的谥号为“文贞”，为了避宋仁宗赵祯之讳，遂改称为“文正”，而同时人王曾也谥“文正”，这样，单称“王文正公”，就无法分别了。又如唐代著名政治家牛僧孺本来谥“文贞”，可《新唐书》却写为“文简”，这也是宋人避讳而改的。再如唐代名相姚元之因避唐玄宗年号开元之讳，改为姚崇。

第四，我们说古人避讳之俗是始于周，成于秦汉，盛于唐宋，弛于明清，但避讳之俗从来都不可能是严格执行的，讳称的出现与使用也不可能是天下一律，哪怕在避讳最盛的唐宋时期，都有若干不避讳者存在。命名、称名与改名是各家的私事，只要不过分招摇，官府很难发现，故而在文献中往往可以见到一些不用讳称的情况，如《齐东野语》等书中就列举过一些这方面的例子。由于这些例外对我们今天读书关系不大，故而这里不多讲。但古代有几个很著名的历史人物曾公然与避讳之俗反其道而行之，我们却是应当了解的。如东晋南朝时避讳之俗相当流行，可著名的世家大族王氏却不避家讳，书法大师王羲之有五个儿子，名为玄之、凝之、徽之、操之、献之，徽之之子又名桢之，献之之子又名静之。祖孙三代，俱以“之”为名而不讳。还有王弘之子名僧达，孙名僧亮、僧衍，侄儿名僧谦、僧绰、僧虔，侄孙名僧祐，均以“僧”为名而不讳。这种情况在我国古代是比较少见的，长期以来无法解释。陈寅恪先生认为这“与宗教信仰有关”，“琅琊王氏子孙为五斗米教徒”，“之”“道”等字与宗教有关，故在“不避之列”（《金明馆丛稿初编·天师道与滨海地域之关系》）。另一个著名人物是南宋抗金名将韩世忠，他特意告诫子孙：“吾名世忠，汝曹毋讳‘忠’字。讳而不言，是忘忠也。”（《宋史·韩世忠传》）这种态度，在宋代真可谓一反众俗，独树一帜，大有忠烈之气，不愧为名将风范。

八

谦　称

《万树园赐宴图》中王公大臣跪迎皇帝的情形

在相互称呼中，有了尊称，当然也就有表示自谦的谦称（或叫卑称）。在需要讲礼的场合，称对方用尊称，称自己用谦称。于己谦卑，也就表示出对对方的尊敬。用今天的说法，这可以加大反差。

古代的谦称较多，我们在这里只讨论通用的，而不包括专门用于官场或其他行业的、专用的谦称，并按照自己的理解，将通用的谦称分为以下几类。

一　“鄙”“贱”之类

“鄙人”是古代最常用、最有代表性的谦称之一，直到今天还在使用。“鄙人”之本义并非卑鄙之人，而是居于郊野之人。《荀子·非相》“楚之孙叔敖，期思之鄙人也”，杨倞注：“鄙人，郊野之人也。”《国语·齐语》“参其国而伍其鄙”，韦昭注：“鄙，郊以外也。”在被认为是“无君子莫治野人，无野人莫养君子”（《孟子·滕文公上》）的周代，鄙野就表示卑贱与低下，“鄙人”也就有了鄙贱的意思，如《庄子·应帝王》：“去，汝鄙人也，何问之不豫也。”就这样，“鄙人”就因鄙贱之初义而用为自谦之称，从战国起就广泛运用于各种自谦的场合。《战国策·燕策一》“臣东周之鄙人也……鄙人不敏”，《史记·司马相如列传》“鄙人固陋，不识所谓”，《宋书·蒯恩传》“命朝士与之交。恩益自谦损，与人语常呼官位，而自称为鄙人”。

“鄙夫”，与“鄙人”相类，初义也是鄙贱之人，如《论语·阳货》：“鄙夫可与事君哉？其未得之患得之，既得之患失之。”由其初义引申为自谦之称，如张衡《东京赋》：“鄙夫寡识，而今而后，乃知大汉之德馨，咸在于此。”

“鄙臣”，与“鄙人”相似，是古人在主君面前的谦称，如《汉书·王莽传上》：“诚非鄙臣所能堪。”《战国策·齐策一》：“鄙臣不敢以死为戏。”

“鄙老”，是老年人所用的谦称，如《晋书·王接传》：“是以鄙老思献所知。”

“鄙人”偶尔也简称为“鄙”，如《太平广记》卷一五九《琴台子》:“鄙为崔氏妻，有二男一女。男名琴台子，鄙尤钟念。生六十日，鄙则谢去。”

“卑”，在汉语中一直有低下之义，故而很早就以“卑者”这类称呼表示身份地位低下之人。《礼记·丧服小记》“养尊者必易服，养卑者否”，《后汉书·栾巴传》“虽干吏卑末，皆课令习读”。后来，就引申用作自谦之称，与“鄙人”之类同义。与此有关的称谓有如下几种。

“卑人”，如《警世通言》第三〇卷“卑人未尝到老丈宅中”，冯梦龙《万事足·女庵分别》“小娘子，卑人就此拜别了”。

“卑末”，如宋王大成在《野老记闻》所记：苏辙代苏轼草拟一篇文章，文中自称之词用“某”，苏轼就改为“卑末”。

在古代最常见的有关“卑”的谦称，是官场中的“卑职”“卑吏”“卑官”等，这里不详述。

“贱，卑也”(《广雅·释言》)，这是很早就使用的自谦之词。《论语·子罕》:“吾少也贱，故多能鄙事。”孔夫子犹如此自况，后世用者就比较多，如著名的触詟说赵太后的故事中，就说:“老臣贱息舒祺最少。”这是在称自己的儿子。此外还有以下几种情况。

“贱人”，指地位低下的人，如，《左传·昭公二十七年》“我，贱人也，不足以辱令尹”。又用作谦称，如王谠《唐语林》卷三《雅量》载，安禄山未发迹时，在张仁愿“帐下走使”，就自称为“贱人”。

“贱子”，这不是称自己的儿子，而是古人的自谦之词。《汉书·楼护传》中王邑“居樽下，称‘贱子上寿’”；鲍照《代东武吟》诗：“主人且勿喧，贱子歌一言。”

“贱躯”，如李陵《与苏武诗》之一：“欲因晨风发，送子以贱躯。”

“贱臣”，这是为臣者在君主面前的自称。《战国策·赵策二》：“非贱臣所敢任也。”

“贱妾”，本是对地位低下的姬妾之称，引申为为妻为妾者的谦称。《后汉书·和熹邓皇后传》“上令陛下有幸私之讥，下使贱妾获不知足之谤”；《孔雀东南飞》“贱妾留空房”。

我们在《亲属称谓》中已经谈到，古时对自己的妻子可以称“贱内”“贱荆”，此外还可以称“贱累”（累，即家累之义），如《金瓶梅》第六一回：“贱累还恐整理的不堪口，教列位哥笑话。”

二 “臣”“仆”之类

“臣”“仆”“奴”“妾”，其初义都是奴隶之称，故而有低贱、服事之义，再进一步，就发展为自谦之称。

“臣”作为谦称用得最多的是君臣之臣。《说文》：“臣，事君也。”严格来讲，在君王面前自称臣，也是一种谦称。同时“臣”又以“事人之称”（《诗经·小雅·正月》郑《笺》）而引申为广义的谦称。《史记·魏公子列传》中“市井鼓刀屠者”的朱亥，就自称“臣”；又《战国策·韩策二》的《韩傀相韩》章，早已失官的严遂和居于屠户之中的聂政二人对语，也都自称“臣”。战国以后，“臣”使用日益普遍，《史记·高祖本纪》“臣少好相人”，《集解》引张晏曰：“古人相与语，多自称臣，自卑下之道，若今人相与语皆自称仆。”甚至，父亲在显贵的儿子面前也自称臣，如《汉书·霍光传》载，霍去病为骠骑将军之后，他父亲在他面前就说：“老臣得托命将军，此天力也。”汉代以后，君臣关系日益制度化，“臣”这一称呼一般只在君臣之间使用，一般人不再使用。《日知录》卷二四《对人称臣》条曾议及此事：“汉初人对人多称臣，乃战国之余习……至天下已定，则稍有差等，而臣之称，唯施之诸侯王……至文景以后，则此风渐衰，而贾谊《新书》有尊天子、避嫌疑、不敢称臣之说。”

“仆”和“臣”一样，也是由奴隶之称演变为广义的谦称，而且长期使用，如司马迁《报任安书》：“仆非敢如是也。”这一用法传到日本，在日语中比汉语中还用得普遍。

“奴”，与“臣”“仆”情况相似，但多用作女性谦称，很常见。男性也有用的，如计有功《唐诗纪事》卷二载唐昭宗《菩萨蛮》词就有“何处是英雄，迎奴归故宫”之句。

三 “愚”“蒙”之类

“愚，戆也”（《说文解字》），本义是蠢笨、鲁钝，作为谦称，就表示自己是愚鲁之人。《史记·刘敬叔孙通列传》：“愚以为匈奴不可击也”；诸葛亮在著名的《出师表》中也自称“愚”；在不同的对象面前，还可以自称“愚兄”“愚弟”“愚姊”“愚妹”“愚晚”“愚臣”等。

“蒙”，本义是覆盖，故而有暗昧不明之义，如童蒙、启蒙、蒙昧之类。由此引申，就可作为自谦之称。《昭明文选》卷二载张衡《西京赋》“蒙窃惑焉”，李善注：“蒙，谦称也。”“蒙”常与“愚”字连用，如《汉书·杨恽传》：“足下哀其愚蒙。”

“民”，本义是奴隶（甲骨文字形“作一左目形，而有刃物以刺之”），引申为平民百姓之称。如果本身是为官之人，自称“民”，就是一种谦称。这种用法只见于魏晋南北朝时期，在《世说新语》中反映得最明显，如“少仕州郡”的孔岩自谓“民所不取”（《规箴》），官至刺史的罗友自称“民已有前期”（《任诞》）之类。

四 “不穀”之类

在古代谦称中，可谓有一个“不字系列”，就是在一个表示褒义的单音词之前加上“不”字，就成为贬义，用作谦称。

“不穀”，先秦时常用作王侯的谦称。《老子》第四二章：“人之所恶，唯孤、寡、不穀，而王公以为称。”《尔雅·释诂》：“穀，善也。”“不穀”就是不善。《淮南子·人间训》“不穀亲伤”，高诱注：“不穀……人君谦以自称也。”《左传·僖公四年》：“岂不穀是为。”《史记·韩世家》：“不穀国虽小，已悉发之矣。”秦汉以后，基本上不再使用。

“不佞”，即无才。《小尔雅·广言》：“佞，才也。”《左传·成公十三年》“寡人不佞”，又《成公十六年》“诸臣不佞”，宋叶适《上西府书》“某不佞”。“不佞”，又可用作对自己的谦称。《战国策·赵策二》“不佞寝疾”；明高攀龙《讲义自序》“不佞幸从诸先生后，不能无请益之言”。一直到现代仍有用的，如鲁迅《书信集·致章廷谦》：“不佞对之颇有恶感。”

“不才”，意思很明白，也是一种自谦之词。《左传·成公三年》“臣不才，不胜其任”；孟浩然《岁暮归南山》诗“不才明主弃，多病故人疏”。同时又用作自谦之称。王安石《落星寺南康军江中》诗“不才羞作等闲来”；《老残游记》第一〇回：“不才往常见人读佛经。”“不才”或作“不材”，如《史记·吴太伯世家》“札虽不材”，龚自珍《秋心》诗：“众中俯仰不材身。”

“不肖”，本义是不似其先人有才有德。《礼记·杂记下》“某之子不肖”，郑玄注：“肖，似也。不似，言不如人。”由不如先人，而引申为无才之人、无德之人。《汉书·武帝纪》“所任不肖”，颜注：不肖者，“谓不材之人也”。《礼记·射义》“若夫不肖之人”，孔颖达《疏》：“不肖，谓小人也。”这样，“不肖”也就可以用作自谦之称。宋陈渊《默堂文集》卷一六《与廖用中中丞书》“碑字如若要不肖写，急遣人来喻”；《辽史·耶律阿息保传》“不肖适异国，必无生还”。唐宋以来，凡父辈去世，为子者在办丧事时自称“不肖子”，成为一种常见的客套。清王应奎《柳南续笔》卷三《不肖子》：“《庄子·外篇》云：‘亲之所言而然，所行而善，则世俗所谓之不肖子。’此‘不肖子’三字所自始也。郭注谓‘违俗而从亲，故俗谓不肖耳’。今世人子丧中用帖，称‘不肖子’，未知本于此否？然大约是谦光之辞。”

“不文”，本义是无文采、不光彩，如《孝经·丧亲》“礼无容，言不文”，邢昺《疏》：“不文，不为文饰。”明宋濂《吴公行状》：“濂也不文，幸获受知于公。”引申为无才气，有如“不才”，而用作自谦之称。清末著名青年革命家邹容在其名著《革命军·自叙》中说“不文以生，居于蜀十有六年”。

五　“小人”之类

凡以小为词，当然就有卑小、低下之义。在称谓中，若用为他称，如“小子”“小人”“群小”等，或表上对下、尊对卑、长对幼的关系，或表轻视、贱视之义。如果用于自称，当然就成为谦称了。比较常见的有以下几种。

“小人”，《左传·隐公元年》“小人有母，皆尝小人之食矣”；《三国志·蜀书·霍峻传》“小人头可得，城不可得”。

“小子”，《史记·太史公自序》“小子不敏”；韩愈《芍药歌》“花前醉倒歌者谁，楚狂小子韩退之”。

“小可”，本义是平常、普通，如“非同小可”一语，古今通用。由平常、普通之义引申，就成为唐宋以后的一种自谦之称。《水浒传》第四十回“小可不才，自小学吏”；曾朴《孽海花》第九回“只好待小可探探口气”。“小可”或作“小可人”，如戴善夫《玩江楼》第二折：“小可人是个卖酒的。”

“小我”，姚鼐《祝芷塘同年惠书并以新刻诗集见寄复谢》诗：“岂徒小我吞如芥，更使前贤放一头。”

“小的”，与“小人”同义，但多用于下对上、卑对尊。《初刻拍案惊奇》卷一一：“那胡阿虎原是小的家人。”或作“小底”，如《灵宝刀传奇》：“叫小底妻子，充作媒婆。”（傅惜华编《水浒戏曲集》，第二集）

“区区”，本义是很小、微不足道，引申为自谦之称。《后汉书·窦融传》“区区所献，唯将军省焉”；李纲《象州答吴元中书》：“区区自过象郡，颇觉为岚气所中，饮食多呕。”

六 “学生”之类

古人极重尊师，不仅对自己的受业师，凡是学界前辈、科举考官，均以师事之。凡在师辈面前，自称均用谦称，由于使用面的扩大，这些谦称也就从师生之间发展为文人之间广泛使用的谦称了。

“学生”，其本义不用解释，作为谦称，使用面很广，平辈之间也可使用。宋王辟之《渑水燕谈录》卷二载，王祚对客言：“学生劳贤者起避耶?”《儒林外史》第七回：“若有些须缺少费用，学生这里还可相帮。”

“学生”或称“后学”“晚学”。王昶《金石萃编》

卷九九载唐大历九年元结《朝阳岩铭》后题“零邑后学田山玉书石”；清宋翔凤《尔雅义疏序》“后学长洲宋翔凤谨记”；宋卫泾《后乐集》卷一四《与陆待制游劄子》：“晚学荒拙。”

与“学生”相近的有“小生”。“小生”的初义与“学生”相近，《汉书·朱云传》“小生乃欲相吏邪”，颜注：“小生谓其新学后进。”大约从唐代开始，小生被用为自谦之称。《陔余丛考》卷三七《小生晚生》条载，小生“以之自称者，唐李阳冰自称其篆书，谓‘斯翁（按：指秦代李斯）之后，直至小生’。又元稹《上令狐相公》曰：‘白居易能诗……小生自审不能有以过之。’……此文士自称小生之始也。朱晦翁《和刘秀野诗》有‘小生自愧衰颓早’之句，则二字并入之诗矣”。

“晚生”，其本义也与“学生”相近，《陔余丛考·小生晚生》所引《晋书·戴渊传》（按：实应为《戴邈传》。）已有“今后进晚生，目不睹揖让之仪”之语。大约从宋代开始用作自谦之称，如清计六奇《明季南略》卷三：“晚生妻子已下狱矣。”在明清官场中，“晚生”与“侍生”是很常见的谦称，而且有一些约定俗成的规矩，哪些场合称“晚生”，哪些场合称“侍生”，十

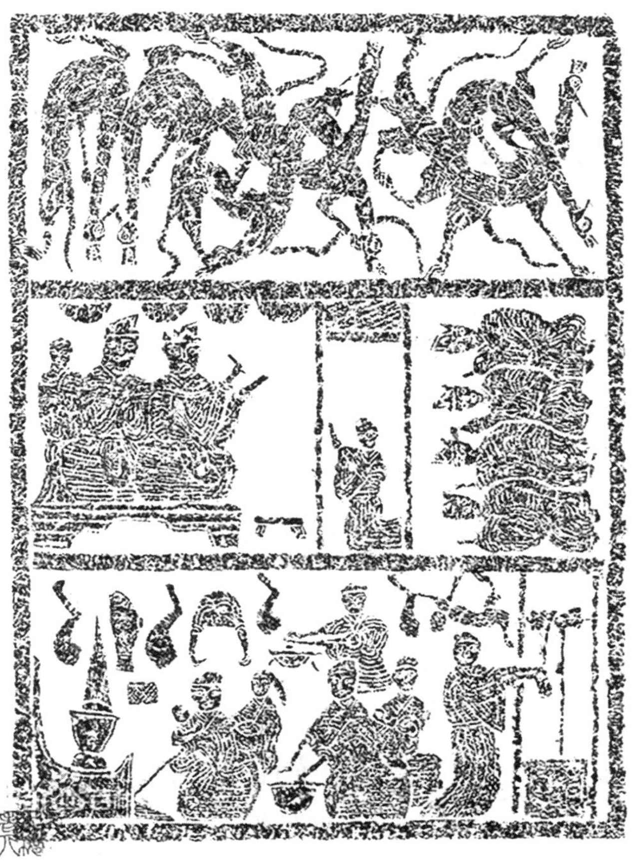

汉代画像石《拜师图》

分繁复，兹不赘述。

还有一个必须提到的称呼是“门生”。“门生”之称始于汉代，在整个汉魏六朝，“门生”的主要含义都不是“学生”，而是门下之人，“依附名势者为门生”，“不必以学问相师”（详《日知录》卷二四《门生》、《陔余丛考》卷三六《门生》）。隋唐以后，科举大兴，考生尊考官为“座主”，而自称为“门生”。由于这类关系很容易拉帮结派，故而历代往往有禁止使用这类称呼的规定，清代更是严加禁止。所以“门生”这一谦称与上述同类的谦称在用法上有着明显的不同。

七 “某”

作为一个代词，“某”在古汉语中可以代称人、地、事、物。用以称人，可以是他称，也可以是自称。用作自我的谦称的，如《礼记·曲礼下》：“君使士射，不能，则辞以疾，言曰：‘某有负薪之忧。’”在《史记》中，刘邦在他父亲面前，就两次自称为“某”。这种用法一直延续下来，在文学作品中特别多，如《三国演义》第一三回：“今天子以某是西凉人，与公同乡，特令某来劝和二公。”直到今天，在戏曲舞台上还常常可以见到自称“某”的。如果大略言之，这些“某”可视为一般的自称，但仔细分析起来，大多是属于自称中的谦称。

八 “走”之类

以“走”作为谦称，在古代使用并不太普遍。但如果不懂得这也是一类古人谦称，阅读古文献时就会出现种种误解。

“走”作为谦称，其初义应当是从供奔走驱使之人而来。《左传·襄公三十年》有“吏走问诸朝”一语，陆德明《经典释文》卷十八“吏走”作“使走”，其义就是“走使之人也”。“走使之人”即后世之“走卒”，这就是“走”作为谦称的本义。《昭明文选》卷三载张衡《东京赋》“走虽不敏，庶斯达矣”，正是以“走”为谦称的典型例子。李善在为《文选》作注时说：“走，公子自称。走使之人，如今言仆矣。”《后汉书·苏竟传》“君执事无恙，走昔以摩研编削之才”，李贤注：“走谓驰走之人，谦称也。”这是对以“走”为谦称的最好的解释。

与“走”相近的是“下走”。《汉书·萧望之传》“下走将归延陵之皋……则下走其庶几愿竭区区”，颜注：“应劭曰：‘下走，仆也。’……下走者，自谦，言趋走之役也。”阮籍《诣蒋公奏记辞辟命》中的“辟书始下，而下走为首”，这也是以“下走”为自称的谦称。而鲍照《侍郎报满辞阁疏》中的“得从下走，叨迹人行”，则是以“下走”为仆役之义，是用其本义了。

司马迁在著名的《报任少卿书》中自称“太史公牛马走司马迁”，这是人们所熟知的。李善在为《昭明文选·报任少卿书》作注时说：“太史公，迁父谈也。走，犹仆也。言己为太史公掌牛马之仆，自谦之辞也。”对于这种解释，后人多以为不妥，认为“太史公”也是自称，是自称其所担任的太史令（太史公是凡担任太史令者的通称）的官职，故而他的自称应断为“太史公、牛马走、司马迁”，三者都是自称，“牛马走”就相当于“走”“下走”。自从司马迁如此自称之后，后人也有如此自称的，如陆游《杂兴》诗：“区区牛马走，龊龊虮虱臣。”此外，对于“牛马走”还有另一种解释：宋吴仁杰在《两汉刊误补遗》卷七中认为“牛”是“先”之字

清代版画司马迁像

误，本来应是“先马走”。先马而走，即执役之义。现代学者中也有人持这种看法，如顾颉刚先生在《史林杂识初编》中、钱锺书先生在《管锥编》中就都作如是解释。

在谈到“走”为谦称之时，有一点必须指出，在西周金文中，“走”曾经用作第一人称物主代词，表示所有（即语法中的领格），如《成鼎铭》“不显走皇祖穆公”；《伯中父簋铭》“伯中父夙夜事走考”。这两处“走”都与典籍中的“朕”同义，可在典籍中从未见此用法。

谥 号

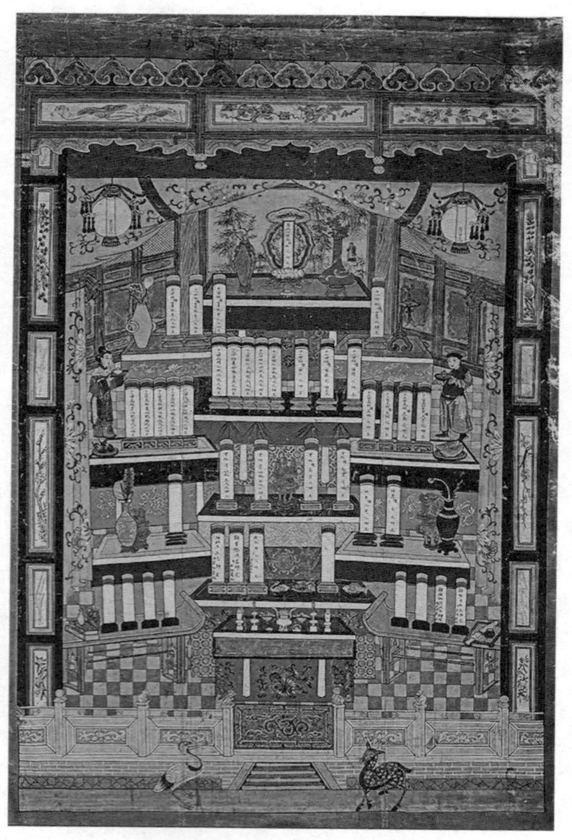

清代《卫氏历代先祖牌位图》

上面各讲所谈到的称谓，基本上都是古人在世时的称谓。当一个人去世之后，后辈出于尊敬，不宜直呼其名，特别是对于王侯将相、高级官吏、著名文士，这种讲究就更为重要。所以，在这些人物死后，后人往往要再给予其一个称呼，这就叫“谥”，或“谥号”（偶尔也称为“号谥”）。正如《通志·谥略·序论一》所说：“生有名，死有谥。名乃生者之辨，谥乃死者之辨，初不为善恶也。”“谥号”既是后人所定，在绝大多数情况下，也就成为后人对死者的一种总结性敬称。《逸周书·谥法解》：“谥者，行之迹；号者，功之表……是以大行受大名，细行受细名，行出于己，名生于人。”

谥号出现很早，但肯定要比姓名出现得晚。《仪礼·士冠礼》“古者生无爵，死无谥”；《礼记·檀弓》“死谥，周道也”；《通志·谥略·序论一》“古无谥，谥起于周人”。这是多年来的传统看法。可谥到底起源于周代的哪一段？是否还会早一些？这一问题从古至今并无统一的看法。现代学者研究者不少，有代表性的意见如郭沫若、杨树达认为在战国，王国维、徐中舒师认为在春秋，金景芳认为在西周初年，屈万里、吴静渊、黄奇逸认为在殷商。笔者对此也作过一些探索，同意最后一种说法，认为谥号应当是起于殷，行于周，逐步发展而行的。限于篇幅，这里不详论。

谥号有两个明显的特点：一是死后由旁人议定；二是要对死者一生功过进行总结。这两个特点是逐步形成的，在初期还比较灵活，例如直到春秋时还有生前定谥乃至自定谥号的事出现。《左传·文公元年》载，楚成王上吊死后，给他上谥号“灵”，尸体不闭眼；改谥号为“成”，才闭上了眼睛，这个“成”的谥号，可算是在他临终时经本人同意之后才确定的；《国语·楚语上》载，楚共王死前，希望能以“灵”或“厉”为谥，大夫们都同意了。春秋之后，就没有这种情况发生了。

哪些人可以得谥呢？在先秦时期，除帝王，凡生前有爵禄的诸侯、卿大夫死后一般都有谥。《白虎通义》卷二：“谥者，所以别尊卑，彰有德也……卿大夫有爵，故有谥；士无爵，故无谥。”（按：省略号之后文字为《通典》卷一百四《礼》六十四所引佚文。）他们的夫人如果无爵，也无谥，但可以按其夫的谥号相称，即所谓“妇人以随从为义，夫贵于朝，妇贵于室，故得蒙夫之谥”（《通典》卷一百四《礼》六四引《五经通义》）。秦汉之后，皇帝、亲王、太子一般都有谥，从东汉起皇后有谥，从唐代起公主可以有谥。他们的谥都是在死后由大臣议定而尊上之。高级贵族和官吏是否得谥，历代情况不完全相同，一般是由帝王决定，所以被称为“赐谥”。但实际上仍是由有关官员拟定之后报帝王同意而已。如果当时未赐谥，死者的家属可以事后“请谥”。不过，从唐代开始，“三品赐谥”，大体相沿不改。只有清代，一般情况下是一品大员方赐谥。当然，如果因特别情况而破例，九品官也有赐谥的；如果皇帝不高兴，一品大员也不予赐谥。

以上，是关于得谥范围与方式的大致情况，但也还有若干特殊情况，如下。一、秦始皇取消了谥号，所以整个秦代无谥。二、一些非中原华夏族的王侯往往是自定称号，在形式上与中原的谥号十分相似，如楚国的“武王”，南越的“武帝”，闽越的“武侯”，等等，这些都不是谥号。也有个别王侯生前自定谥号的，如西夏的李元昊生前就自定谥号为“仁孝皇帝”。三、偶尔有为僧道赐谥的，如南朝梁武帝给道士陶弘景赐谥“贞白先生”，北魏明元帝给僧人法果赐谥“老寿将军、赵胡灵公”。四、死者当时无谥，若干年后出于各种原因，可以“追谥”。“追谥”最多的是清初追谥明代大臣，单是乾隆四十年这一次，“命补谥明季殉节诸臣及建文革除之际，其臣之抗节死事者，或专谥，或通谥，凡三千六百余人”（吴振棫《养吉斋丛录》卷一二）。

上面所谈的种种得谥，指的都是朝廷之中正式的议谥与赐谥，这在古代的各种谥号中占大多数。除此之外，未有官爵或官爵不高的一些著名文士死后，其故友学生也可以给他议谥，不再（严格说是没有资格）报朝廷请天子赐予，这在古代叫作“私谥”。最早的一例是春秋时鲁国的柳下惠，这个“惠”就是私谥。此后，如东汉夏恭谥“宣明君”、张霸谥“宪文”、陈寔谥“文范先生”，晋代陶渊明谥“靖节征士”，南朝梁代刘孝标谥“玄靖先生”，隋代王通谥“文中子”，宋代张载谥“明诚夫子”，等等，都是私谥。这些私谥的由来，大多在文献中有所记载，其中最有名的是关于陶渊明被谥为“靖节征士”的由来的那篇由著名文学家颜延之所写的《陶征士诔》，其中说："元嘉四年月日，卒于寻阳县之某里。近识悲悼，远士伤情，冥默福应，呜呼淑贞。夫实以诔华，名由谥高，苟允德义，贵贱何算焉？若其宽乐令终之美，好廉克己之操，有合谥典，无愆前志。故询诸友好，宜谥曰靖节征士。"这里实际上的谥号是"靖节"二字，所以李善为《昭明文选》作注时引《谥法》解释说："宽乐令终曰靖，好廉自克曰节。"诔文中所讲的"若其宽乐令终之美，好廉克己之操，有合谥典"，也正是指此。所以又称为"靖节征士"，是因为刘宋时曾征陶渊明任著作郎，他未就，所以称为"征士"。前面所举各例中的"先生""夫子"之类，也都是这类情况。

无论是议谥、赐谥或私谥，古人都十分重视，因为有了谥，就不再称原名，故古代一般都将得谥称为"易名"，若是赐谥更称为"易名之典""易名旷典"。"易名"之称，则出于《礼记·檀弓下》："公叔文子卒，其子戍请谥于君曰：'日月有时，将葬矣，请所以易其名者。'"

当一个人去世之后，给一个什么样的谥号，在古代是一件十分重要的大事。因为这是"行之迹""功之表"，是盖棺定论。而且，谥号要求高度概括，因为要被后人称呼，只能有一两个字，这就比今天在追悼会上的悼词要难拟得多。我们在前面提到过楚成王的例子，据《左传·文公元年》载，楚商臣发动宫廷政变，“以宫甲围成王。王请食熊蹯而死，弗听。丁未，王缢。谥之曰‘灵’，不瞑；曰‘成’，乃瞑”。为什么楚成王临死时听说给他的谥号是“灵”就不闭眼，死不瞑目；待知改为“成”才闭上眼睛，告别人世？就因为“灵”与“成”的意义不同，也就相当于给他一生所作的结论不同。“灵”的意义是“乱而不损”“极知鬼事”“不勤成名”，明显是贬义；“成”的意义是“安民立政”，明显是褒义。

这种根据生前功过而确定给予什么样的谥号的规定（严格来讲，是约定俗成、逐渐丰富并定型的规定），在古代被称为“谥法”。《逸周书》中有《谥法解》一篇，列出了“经纬天地曰文”“刚强直理曰武”等近两百个谥号。据称《谥法解》成于周初，但经过不少人的研究，知道这篇《谥法解》实际上写成于汉代。后世所用的各种谥法，基本上都是在此基础上修订发展的。古代对后世影响最大、使用最广的谥法有两种：一种是唐代张守节在《史记正义》中所附的《谥法解》，主要是在《逸周书》的基础上整理修订而成。自宋代以来，《史记》三家注长期与《史记》合为一书，广为流传。清代最有影响的《史记》版本“金陵书局本”和“武英殿本”都把《史记正义》的《谥法解》排在《史记》正文之前（今天通行的中华书局点校本则置于正文之后）。很多学习古代文化的人，最初了解和平时阅检谥法，用的都是《史记正义》的《谥法解》。另一种是北宋著名文学家苏洵奉旨在诸家谥法基础上编定的《谥法》四卷。此书共列谥一百六十八个，“较之诸家义例要为严整。后郑樵《通志·谥略》大都因此书而增补之。且称其断然有所去取，善恶有一定之论，实前人所不及。盖其斟酌损益，审定字义，皆确有根据，故为礼家所宗”（《四库全书总目提要》）。

谥法只列出以某字作为谥号的含义，可是具体到某一个人，是给一字谥、二字谥，或是更多，历代都未见有正式规定。故而先秦时期就是既有一字谥、二字谥，又有个别的三字谥（如卫武公谥“睿圣武”，见《国语·楚语》），这种习惯在后代长期沿用。只有清代在赐谥用字字数上有明确的规定：“定制，和硕亲王一字，多罗郡王二字，然如多罗谦郡王瓦克达谥襄之类，亦不一其人。多罗贝勒二字，固山贝子二字，镇国公以下至辅国将军皆二字。妃一字，亦间有二字者。公主二字，额驸二字。民公、侯以下文武官，凡得谥者皆二字。”（吴振棫《养吉斋丛录》卷一二）明代曾出现罕见的四字谥，沈德符《万历野获编》卷一三《四字谥》载：“臣下四字之谥，惟宫中贵嫔蒙宠，或生皇子者有之，他不尔也。世宗朝，方士邵元节、陶仲文，俱得谥四字，此系皇祖特恩，旋亦追夺矣。今上（按：指万历帝）庚子九月，佑圣夫人徐氏卒，赐谥，阁臣拟‘勤敬’与‘荣安’二号以进，上俱点用。阁臣以非故事诤之，上曰：‘徐氏奉事三朝，故特与之，后不为例。’此则古今所未有。”

这里有一个需要说明的问题是，古人的谥本来只是一字或二字，可后人在称其谥时，都不是只称其谥，如鲁哀公、秦庄襄王、魏武帝、诸葛忠武侯、欧阳文忠公、王文成公、曾文正公等。这些称呼中，只有“哀”“庄襄”“武”“忠武”“文忠”“文成”“文正”等是谥，谥之后的“公”“王”“侯”等不是谥，可在称呼时必须连在一起，这在古代叫“号谥连称”，就是将生前的帝号、爵号与死后的谥一并称呼。如果某些官员生前无爵号，唐以前在赐谥时往往加上一个公、侯、子之类的号，便于称呼，如六朝时殷景仁谥文成公、王华谥宣侯、何偃谥靖子之类。如果官位很低或从未做官，则称为“先生”“处士”，如陶弘景谥贞白先生、李谧谥贞静处士之类（见《陔余丛考》卷一六《两汉六朝谥法》）。唐以后，得谥者一般生前均无爵号，相称时习惯加上一个“公”字。如清人福格《听雨丛谈》卷二《谥法》所说：“自宋元而还，予谥者仅曰某某，不系公侯之字，如所谓某某公者，皆私家自称之辞，非定名也。本朝因之，不改其例。”

按谥法给死去的人议谥，是为其一生行迹作出一个总结性的盖棺定论，既有关死者的褒贬，又有关后辈的荣辱。所以，谥的“一字之差”十分重要。众多的谥号大体上可分为“美谥”与“恶谥”两类，正如《通典》卷一百四《礼》六四引《五经通义》所说：“善行有善谥，恶行有恶谥，以为劝戒也。”一个人如果得了恶谥，子孙后代都会抬不起头。如唐代的于頔，唐宪宗时拜相，因生前骄蹇不法，“有专汉南意”，故而死后谥为“厉”。按谥法，“暴慢无礼曰厉”“愎狠遂过曰厉”，这是一个明显的恶谥。其子于季友上诉于唐穆宗，朝中引起了一场大争论，后来改谥为“思”。按谥法，“追悔前过曰思”，这就基本予以肯定，结论就大不同了。北宋陈执中的情况与之很相似，死后礼官韩维议其谥为“荣灵”。按谥法，“不勤成名曰灵”，属恶谥之列。判太常寺孙抃等建议改谥为“恭”。按谥法，“不懈于位曰恭”，这又可列入美谥了。

当然，古代议谥时，也并不都是十分严肃认真的，往往顾及情面。首先，“莫不欲褒称其君，掩恶扬善”（《白虎通义》卷二《谥》），要为尊者讳，所以君王得恶谥者极少。其次，历代臣子议谥尺度的掌握也有所不同。赵翼在《廿二史劄记》卷一九《谥兼美恶》指出：“唐制，三品以上皆得请谥，而其人之贤否不同，则必核其生平以定之，盖犹存古道也……然其时已多请嘱失实之弊……后世惟赐谥者始得谥，既邀恩赐，自必其人履行无亏，故谥皆有美而无恶也。”有的人实在行迹无光，实在不能给以美谥，还可以不给谥，用以掩盖过去，如明仁宗洪熙元年，礼部给通政使贺银的谥“不美”，洪熙帝下诏说：贺银“不应美谥，若加银恶谥，又不若无谥，人不得议焉”。结果，“银竟不谥”（郑晓《今言》卷一）。

古代当然也有极少数人得了恶谥，在这用得不多的恶谥中，我们试举三例。

“厉”，这是最早使用的一个恶谥。按谥法，“暴慢无礼曰厉”“愎狠遂过曰厉”。西周著名的暴君周厉王的倒行逆施使国中酿成一场暴动，他只能亡命出奔，所以他最早得到了“厉”这个恶谥。

“炀”，按谥法，“逆天虐民曰炀”，“去礼远正曰炀”，“好内怠政曰炀”。西汉的东平王刘云，南朝陈代的荒淫之君陈叔宝，隋代的暴君杨广，金代的暴君完颜亮，等等，都被后人谥为“炀”。当然，这几个皇帝都是在没有好下场的情况下才被加上这个恶谥的。

“缪”，按谥法，“名与实爽曰缪”。如秦缪公（又作穆公，“缪”“穆”二字古通用）因“杀三良而死，罪百里奚而非其罪也，故立号曰缪”（《史记·蒙恬列传》）。西晋“日食万钱犹曰无下箸处”的何曾死后，博士秦秀议谥为“缪丑”。“缪”已是恶谥，加上“怙威肆行曰丑”的“丑”，就更为突出了。不过，这个恶谥未能被朝廷批准。南宋著名奸臣秦桧死时，权势仍存，所以还得到“忠献”的美谥。直到他死后五十一年，才被公正地“追夺王爵，改谥缪丑”。他是我国历史上获得最恶之恶谥的代表人物之一。

在以“缪”为谥的古人中，有一位家喻户晓的人物——关羽。这个“缪”字，在后世引起了不少风波。

关羽死时未赐谥。后主时“追谥羽曰壮缪侯”，这是明载于《三国志·蜀书·关羽传》的。关羽生前，刚愎自用，目空一切，践踏与东吴之联盟，丢失荆州重镇，直接导致刘备夷陵之败、白帝城之死，使蜀汉局势急转直下。身后得此“壮缪”之谥，并非不妥。可是自宋代以来，为了宣传“忠义”的需要，关羽被封建统治者一吹再吹，一捧再捧，成为“武圣”“关圣帝君”。在这种情况下，对“壮缪”这个恶谥议论纷纷，或认为有误，或认为“缪”应读为“穆”。明万历帝开始以“忠义”封关羽：“协天护国忠义帝”，清顺治帝重新加以“忠义”之号，其后仍有其他封号，最后乾隆帝出来拍板，认为“壮缪”“并非嘉名”，乃是《三国志》的作者陈寿乱写的，所以他决定改为“忠义”的美谥。于是，关羽的“忠义”封号延续至今。

既然得谥者绝大多数都是美谥，那么在不同的人身上也得尽可能“于美谥之中稍存轻重”（《陔余丛考·两汉六朝谥法》）。在一百多种美谥中，其中又有少数几种特别高贵的美谥，古人称之为“特谥”，如下。

“文”，是孔子曾加以推崇的美谥，如果加上一个“正”字就更为不易。宋人费衮《梁溪漫志》卷二《文正谥》条指出："谥之美者，极于'文正'，司马温公尝言之而身得之。国朝以来，得此谥者惟公与王沂公（按：指沂国公王曾）、范希文（按：即范仲淹）而已。"直到清代仍是如此。清人朱彭寿《旧典备征》卷三《古今得谥文正诸人》条载："本朝定例，凡大臣应否予谥，由礼部先行奏请，俟得旨允准后，行知内阁撰拟谥号四字，恭候钦定。由翰林授职之员及官至大学士者，上一字坐谥'文'，死事之臣上一字坐谥'忠'。惟'文正'则不敢拟，悉出特旨，自非品学德业无愧完人者未足当此。"清人甚至认为，"唐宋以来谥'文'者，独韩退之、朱元晦为不愧。他如白居易、李翱、陆希声、权德舆、杨亿、王安石、姚燧、欧阳玄辈皆谥'文'，亦未尽允也"（王士禛《池北偶谈·谥文公》）。为什么会出现这种情况，当与宋代以来推重道学有关。清人福格《听雨丛谈》卷二《谥法》说：

> 群臣得用之谥，以"忠"字为第一，"文"字为第五，"正"字为第四十二。然则"文正"之谥非为至极，何以今人称尚，仍贵"文正"？盖《谥法》云：……"道德博闻曰文""修治班制曰文"

“勤学好问曰文”“心无偏曲曰正”“守道不移曰正”。宋人最重道学，以“文正”之义实与道学表里，因而重之。迨我国初，理学诸子又以道学相尚，推而尊之，遂至相惑不解。

从明代开始，又规定“翰林始得谥‘文’，余不得与”（郑晓《今言》卷二）。大学士“即学士之长，本为词臣，入阁与入翰林同”（《听雨丛谈·谥法》），所以不由翰林出身的大学士也可谥“文”。在整个明清时期，如果不属以上情况而要谥“文”的话，“‘文’字必系于他字之下，如端文、忠文之类”（王应奎《柳南随笔》卷三）。

在清代，除“文”之外，“忠”“成”“襄”三字也属特谥，必须由皇帝赐予。所以，除了历代特重的“文正”之外，“文襄”就成了最难得到的谥号，其次就是“文忠”与“文成”。整个清代，谥“文正”者只有曾国藩等八人。

武臣之谥，因诸葛亮谥“忠武”，故历代以“忠武”之谥为美。据上引《旧典备征》卷三《以忠武为谥》条统计，从晋代的温峤，唐代的尉迟敬德、郭子仪，宋代的岳飞（先谥武穆，孝宗淳熙时改谥）、韩世忠，元代的史天泽、伯颜，明代的常遇春，清代的杨遇春、李续宾，等等，“古今大臣中，得谥‘忠武’约有五十余人”。

关于古代谥号的“美”或“恶”，有一点还必须强调：古人之谥，绝大多数都是美谥，而这些美谥中，大多是官样文章的赞誉，并非严格的、名副其实的总结与评价，有些甚至是明显的“掩恶扬善”的假客套。这种

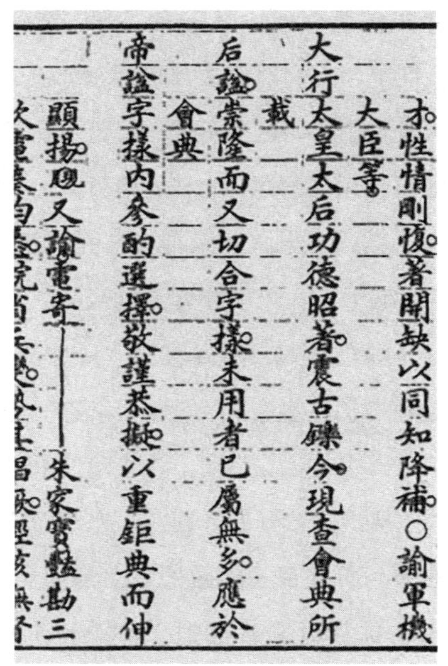
本性情剛愎著聞缺以同知降補○諭軍機
大臣等
大行太皇太后功德昭著震古鑠今現查會典所
載
后謚崇隆而又切合字樣未用者已屬無多應於
會典
帝謚字樣內參酌選擇敬謹恭擬以重鉅典而伸
顯揚○又諭電寄——朱家寶監勘三

《清实录》记载的拟定慈禧谥号的原则

情况，从汉唐以来，基本上是越往后越严重。清人王鏊在《震泽长语·国猷》中讲得很直率："本朝之谥，有美无恶。所谓谥者，特为褒美之具而已。"

不管一个人死后是如何得谥的，这个谥号就会被后人所称呼。古人称谥，大致有以下几种情况。

古代帝王，先秦时代的中原诸王，一般都是以谥号相称，如周文王、周武王、鲁隐公、齐桓公、魏文侯、赵武灵王、燕昭王、秦庄襄王等。秦代取消了谥号，汉代又恢复，人们对已故汉代帝王如汉武帝、汉献帝等，仍以谥号相称。这种习惯一直延续到隋代。从唐代开始，则习惯以庙号（详见后）相称，如唐高祖、唐太宗之类，一直到清末，如宋神宗、元世祖、明英宗、清高宗等都是庙号。关于古代帝王的谥号，有一点需要注意。西汉开国之君刘邦的谥号是"高皇帝"，第二个是刘盈，谥号"孝惠皇帝"，即以"孝惠"为谥。但实质上只有"惠"字是谥，"孝"字是为表示对刘邦的孝敬而附加的。从汉惠帝开始，西汉、东汉帝王除东汉的开国之君刘秀，所有帝王的谥号之上都加了一个"孝"字。但后人在称呼时一般都把"孝"字省去。如《史记》的本纪作《孝文本纪》《孝武本纪》，《汉书》就省作《文帝纪》《武帝纪》。汉代以后，不少朝代的帝王都在谥号中加“孝”字，有的加于前，有的加于后，如唐代、后唐、后晋、前蜀、后蜀、南唐、宋代、辽代、金代、元代、明代等，除个别例外，均有“孝”字。只因这些朝代习惯称庙号，不称谥号，故而在称呼时也就不存在是否省略的问题。在其他不加“孝”字的朝代，谥号中若有“孝”字，就是谥号的组成部分，后人在称呼时不能省略。如南朝的刘宋，刘裕谥号“武帝”，刘骏谥号“孝武帝”，前者为一字谥，后者为二字谥，所称者是两个帝王，千万不能混淆。

对于帝王之外的人物，有爵号者，后人多称爵号，如称张良为留侯、称诸葛亮为武侯、李靖为李卫公、王安石为王荆公等。但有谥号者也可称谥号，如称王安石为王文公、范仲淹为范文正公等。一般来讲，宋以前少称谥号，宋以后多称谥号，明清时期此风特盛。随举一例：明郑晓《今言》卷四有这样一段：“浙人入内阁者今七人：黄文简、王文通、吕文懿、商文毅、谢文政（按：“文政”，当作“文正”。）、张文忠、李南渠。文毅相业不在文贞、文达之下。文贞始嫌于君臣，文达终嫌于父子。”这里除李南渠是称号以外，其他八人都是称的谥号，指的是黄淮、王一宁、吕原、商辂、谢迁、张璁、杨士奇、李贤。这种称呼，对于今天的读者来讲，是一件麻烦事，我们遇到这种情况应十分留意。

当一个死者有了谥号之后，与生者有了姓名一样，也可能会发生变化。这又有改谥与夺谥两种情况。

改谥，就是得谥之后情况发生了变化，被后人改了谥号。例如南宋卖国贼秦桧死时，被党羽谥为“忠献”。五十一年之后，他的卖国贼面目大白于天下，遂被朝廷改谥“缪丑”。又如明代爱国名将于谦被害死时无谥，三十多年后方追谥为“肃愍”；又过了一百多年，再被改谥为“忠肃”。

夺谥，就是得谥之后情况发生了变化，被后人取消了谥号。如东汉末年，政局动荡，朝廷曾几次宣布对前辈若干王、后的谥号一并取消。又如明代著名政治家张居正去世时，得到最高一级的美谥“文忠”，可过了一年多时间，万历帝就下诏取消了他的谥号。再如清代著名诗人，《古诗源》《唐诗别裁》等书的编者沈德潜死后，被谥为“文悫”，九年之后，被乾隆帝下诏夺谥。可以这样说，古代有谥的人物，如果身后最高统治者对其评价有了实质性的改变，一般都要夺去谥号。

十

庙号、尊号与年号

喀尔喀蒙古恩格德尔来上尊号图

在古代称谓之中，只有历代帝王才有的庙号、年号，和基本上只有帝、后才有的尊号，本是极少数人才使用的称谓，但这些称谓十分重要。一则，古代帝王与古代文史密不可分；二则，庙号、年号与谥号在古代长期作为一种纪年的方式。所以我们很有必要比较系统地了解一下这方面的知识。

一 庙号

古代帝王死后，必须在太庙之中立室奉祀，奉祀之时不能以名字相称，就得专门追上一个称号，这就叫"庙号"。常见的唐太宗、明成祖的"太宗""成祖"，就是庙号。

庙号产生于何时，史无明载。刘知几认为"古者天子庙号，祖有功而宗有德，始自三代"（《史通·称谓》)；刘敛认为商代祖甲就是庙号（见《资治通鉴·汉景帝前元年》注引《贡父曰》)。殷商的确有称祖称宗的记载，甲骨学家也曾把殷王祭祀活动中的若干名称统称为“庙号”（见陈梦家《殷虚卜辞综述》第十二、十三章《庙号》)，但这些与从汉至清使用了两千多年的“庙号”，完全是两回事。

从古代文献考察，整个周代无庙号，秦代无庙号，西汉景帝时才开始使用庙号。汉景帝即位之后，下诏说“盖闻古者祖有功而宗有德，制礼乐各有由”，要朝中大臣对如何追念祖宗功德之事“具礼仪奏”。丞相申屠嘉等上言：“臣谨议，世功莫大于高皇帝，德莫盛于孝文皇帝。高皇帝庙宜为帝者太祖之庙，孝文皇帝庙宜为帝者太宗之庙。”汉景帝同意，曰“可”（以上见《汉书·景帝纪》)。这样，第一次为汉高祖的祭祀专庙命名为“太祖之庙”，为汉文帝的祭祀专庙命名为“太宗之庙”，而不太重要的汉惠帝则未予考虑。“太祖”与“太宗”也就成了最早的正式的“庙号”。它的初义是宗庙之称，但因是帝王的专庙，所以也就成了该帝王之称。由于这时是初定庙号，尚未成为制度，所以汉景帝、汉武帝死后都未定庙号，到汉宣帝时，才“尊孝武庙为世宗庙”。

汉昭帝、宣帝、元帝、成帝、哀帝也未定庙号，汉平帝时才“尊孝宣庙为中宗，孝元庙为高宗”。东汉时继承了西汉立庙号之制，而且是每个皇帝死后立即定庙号，开始制度化。更重要的是开始将庙号正式作为一种称谓。如光武帝建武二十六年（50），刘秀在诏书中就有“太宗识终始之义，景帝能述遵孝道”的语句，正式将汉文帝称为“太宗”，而汉景帝无庙号，所以仍称谥号为景帝。

关于庙号制度的建立，还有几个问题应当搞清楚：一是所谓庙号，最初本是祭祀之庙的名号，故汉代文献中常见“太祖之庙”“世宗庙”“庙曰显宗”之类的记载。一直到《晋书·武帝纪》中才出现了“庙号世祖”的记载。也就是说，“庙号”这一名称是晋代才有的。二是在西汉，每个皇帝死后都修有专庙，东汉明帝时有所省简，出现了“同堂异室”之制。到东晋末年，就更为省简，只保留一座太庙，将历代先祖分室供奉。所以，东汉以后的庙号，不再是各个不同的宗庙之号，而是各个不同的专室中神主（即一块木牌，故又称木主）上所写的称号，完全作为帝王的称号了。三是历代庙号只用“祖”“宗”二字，是沿西汉之制。而西汉之制又是来源于“祖有功而宗有德”这句古话。这句话，《孔子家语》卷八认为是孔子之语，但卷四与贾谊《治安策》则认为是出于古《礼》。

自庙号之制建立以来，历代大体继承，直至清末。所以说“大体继承”，是因为也有少数朝代未立庙号，如三国时的蜀汉、十六国中的西燕、五代十国中的楚和南平。其原因史无明载，估计国祚短促、忙于战事是其主要原因。至于在一个朝代之中也有个别皇帝死后无庙号，则更为常见。所以如此，原因有二：一是那些傀儡皇帝、儿童皇帝、短命皇帝、名声太坏的皇帝死后在太庙中不可能有地位，故而没有庙号；二是由于统治集团的内部冲突，死后由敌对派掌权，当然也不会有庙号。

庙号确定之后，一般都比较稳定，但也有被后辈更改的，如明永乐帝朱棣，死后庙号太宗，死后一百一十四年，又被嘉靖帝改为成祖。后人一般称其为明成祖，但我们今天在读书时仍可见到在更改之前称其太宗的记载。又如明崇祯帝自杀后，南明弘光朝廷上庙号为思宗，不久又改为毅宗。此外，还有一些帝王的庙号被后人取消，那都是因为政局发生了变化，如西汉末

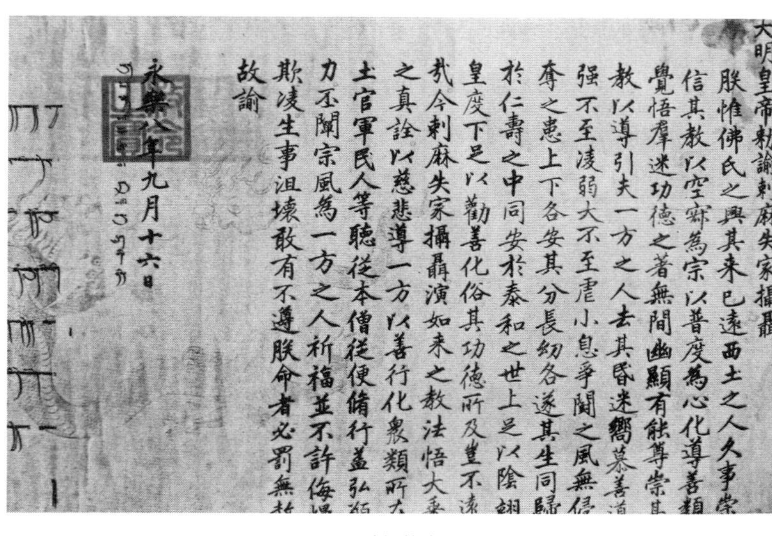
大明皇帝勅諭剌麻失家搦聶
朕惟佛氏之興其来已遠西土之人久事崇
信其教以空寂為宗以普度為心化導善類
覺悟羣迷功德之著無間幽顯有能尊崇其
教以導引夫一方之人去其昏迷嚮慕善道
强不至淩弱大不至虐小息爭鬭之風無侵
奪之患上下各安其分長幼各遂其生同歸
於仁壽之中同安於泰和之世上是以陰翊
皇度下是以勸善化俗其功德所及豈不遠
哉今剌麻失家搦聶演如来之教法悟大乘
之真詮以慈悲導一方以善行化衆類所
土官軍民人等聽從本僧從便脩行蓋弘祐
力丕闡宗風為一方之人祈福並不許侮慢
欺淩生事沮壞敢有不遵朕命者必罰無赦
故諭
永樂八年九月十六日

明成祖敕谕

年，王莽为元帝、成帝、平帝立的庙号，到东汉初全部取消。

在绝大多数情况下，庙号都是死后才有的，但也有个别例外，是生前自定的，如魏明帝曹叡在给他祖父曹操、父亲曹丕追上庙号时，竟连他自己的庙号一道宣布，为魏烈祖，而且被后代使用。又如西夏开国之君李元昊称帝时，上表宋廷，不仅宣布了国号和年号，甚至连庙号、谥号、尊号一并宣布。不过，他宣布的庙号世祖和谥号仁孝皇帝未被后人承认，后人只承认他死后才确定的庙号景宗和谥号武烈皇帝。

在一般情况下，庙号都只有一个，但在特殊情况下也可能不止一个。最典型的是上面提到的明崇祯帝朱由检。他自杀之后，南明弘光小朝廷先后上庙号为思宗和毅宗，隆武小朝廷又上庙号为威宗，清政权又定了庙号叫怀宗。这几个庙号，当时人都曾使用，今天在文献中也都可以见到。

古人称呼庙号时，有一些别称。一般的别称比较好理解，例如以“某庙”代称“某祖”“某宗”，如贾谊《新书·解县》中的“高庙”，就是汉高祖；陆游《老学庵笔记》卷五中的“哲庙”“真庙”，就是宋哲宗、宋真宗；谈迁《北游录·纪闻上》的“神庙”，很容易被误认为一般的神庙，其实是明神宗的别称（需要注意的是，偶尔也有将帝王谥号称为“庙”的，如清代文献中常见的“纯庙”，就是指的乾隆帝，他的谥号是纯皇帝）。另一种是以“某皇”来代称“某祖”“某宗”，如焦竑《玉堂丛语》卷三的“孝皇”、卷五的“武皇”“英皇”，就是指的明孝宗、明武宗、明英宗。还有一种是以“某考”来代称“某祖”“某宗”，如于慎行《谷山笔麈》卷五的“穆考”，就是指的明穆宗。

古人对庙号还有一种别称，今天就不大好理解了。这就是可以将一个朝代的开国之君的庙号称为“艺祖”“文祖”“烈祖”“圣祖”，将即位之君称为“神宗”。称“艺祖”者较为常见，如汉高祖刘邦、唐高祖李渊、宋太祖赵匡胤、金太祖完颜阿骨打等，都被称为“艺祖”。其他称呼不太常见，如宋王旦《封祀坛序》：“烈祖造新邦，臻大定，经制而未遑；神宗求至理，致升平，业成而中罢。”这里的“烈祖”即指宋太祖，“神宗”乃是指宋太宗，而不是宋神宗。又如明焦竑的《玉堂丛语》卷三《召对》条引《殿阁词林记》称明太祖为“圣祖”。以上几种称呼，除“圣祖”外，均源于《尚书》，本是对远古贤王的赞颂之词或传说中的远古庙名，故而后来用作开国之君或即位之君庙号的代称。

二　尊号

尊号在古代称谓中颇为特殊。常见，而又不常用。帝王、帝后一般都有尊号，可一般都不使用；帝王、帝后之外的人极少有尊号，这极少数人的尊号却颇为常用。

“尊号”一词，最早见于秦代。秦始皇统一天下之后，要臣下“议帝号”。李斯等人就“上尊号，王为‘泰皇’”。秦始皇不满意，改为“皇帝”。在著名的秦代琅琊刻石中，也有“尊号大成”之语。这时所谓的“尊号”就是帝号，不是后来的尊号（但这种用法对后世影响不小，历代开国之君议立帝号时，多称为尊号）。汉初所言的“尊号”，或指帝号与帝后的称号，或指谥号。汉哀帝曾自“号曰陈圣刘太平皇帝”，两月后取消。这种在庙号、谥号之外的“号”，古代有些学者如胡三省、俞正燮就认为这是最早的尊号。其实这和后来北魏太武帝自号“太平真君”、北周宣帝自号“天元皇帝”一样，是一种临时性的自号，所以有的学者在各种称谓分类中将其列入别号之中。笔者认为这些称号与后世的尊号虽不一样，但应当看作一种初期的尊号。

宋代的宋敏求在《春明退朝录》卷中称："尊号起于唐，中宗称应天神龙皇帝，后明皇称开元神武皇帝，自后率如之。"清代著名史学家王鸣盛在《十七史商榷》卷七六《尊号谥号庙号陵名》条也认为"生上尊号，固起于唐，前世未有"。笔者认为他们的说法是大体妥当的，我国古代常见的尊号是在唐代才真正开始。

从唐代开始的尊号具有两个明显的特点：一是在帝、后在世时由臣下所上的。当然，死后还可以追上、追加或追改。二是为了尊崇而加的一片颂谀之词，有褒无贬，基本上没有加以评价的性质。而且，一方面，可以一而再、再而三地颂谀，字数也就可以越来越多；另一方面，帝、后或出于谦恭，或出于厌烦，也可以拒绝接受，或宣布作废。以上这两个特点，是与庙号、谥号明显不同的。下面我们举几个例子。

武则天称帝之前，就已"加尊号为圣母神皇"；称帝之后，"加尊号曰圣神皇帝"。严格来讲，这是我国古代帝王生时加尊号之始（上引《春明退朝录》谓始于中宗，

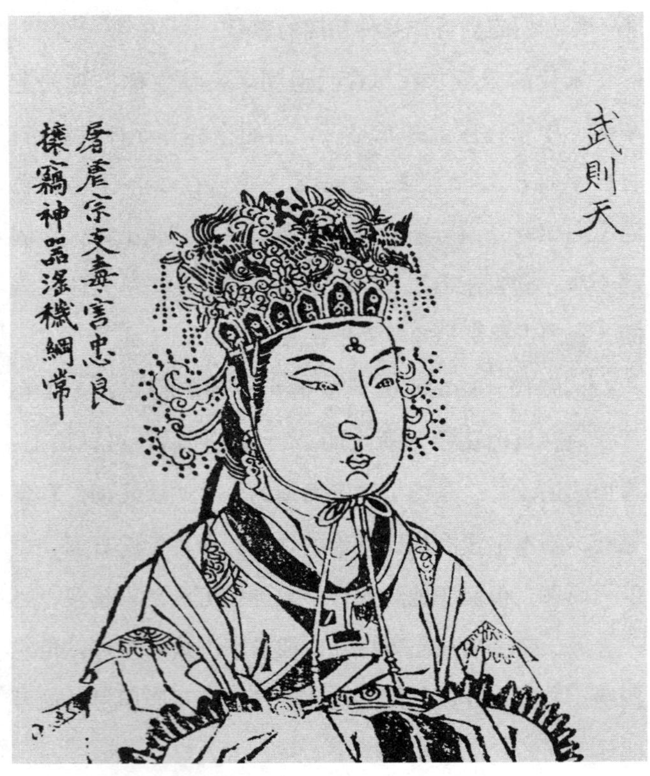

武则天像

可能是因为不承认武则天的帝位，是不妥的）。以后，连续加号“金轮圣神皇帝”、“越古金轮圣神皇帝”、“慈氏越古金轮圣神皇帝”、“天册金轮大圣皇帝”，她又“罢天册金轮大圣号”。唐中宗复位，又“上后号曰则天大圣皇帝”。

唐玄宗初年，“加尊号为开元神武皇帝”，以后，“加尊号开元圣文神武皇帝”，“加尊号为开元天宝圣文神武皇帝”，“加皇帝尊号曰开元天宝圣文神武应道皇帝”，“上皇帝尊号为开元天地大宝圣文神武应道皇帝”，“上尊号为开元天地大宝圣文神武孝德证道皇帝”。

唐代尊号大致情况就是如此。总的趋势是有增无减，所以到唐宣宗时，已长达为“元圣至明成武献文睿智章仁神聪懿道大孝皇帝”。当然，也有对此加以拒绝的，唐文宗曾下诏拒绝臣下给他上尊号，唐肃宗、唐德宗也都曾宣布去掉原有的尊号。

在唐代，尊号又称为“徽号”。《尔雅·释诂》：“徽，善也。”

唐代以后，除五代南唐未在生时立尊号之外，历代均仿唐代之制立尊号。由于宋太祖用十六字尊号，宋代帝王大多遵而不改，于是帝王用十六字尊号颇有约定俗成之势，为后来的大多帝王所采用。需要注意的是，在古代文献中常把死后所追上或追改的尊号也叫谥号；又由于死后常把尊号和谥号连在一起，尊号在前，谥号在后，故而又连称为尊谥，或只称为谥号，或只称为徽号。这些情况，只要稍加注意，就会分别开来。此外，在古人笔下还偶而有将尊号称为庙号的。如明人于慎行《谷山笔麈》卷一，既称尊号，又称谥号，特别是有“本朝庙号多至十六字”之语，这可能是古人笔误，也可能是古人确实有此用法，我们读书时千万不要有所误解。

尊号不仅皇帝有，皇后也有，我们今天读书时接触不多，唯一一个例外是清代的西太后。西太后在同治皇帝称帝时，被尊为皇太后，垂帘听政，遂上尊号为“慈禧”；同治十一年（1872），为庆同治大婚，加上“端佑”二字；十二年，为庆同治亲政，加上“康颐”二字；十三年，为庆同治帝天花得愈，决定加二字，但因后来同治并未病愈，反而去世，此二字就暂时未加；光绪即位，就多加两字，共加上四字“昭豫庄诚”；光绪十五年（1889）二月，为庆光绪大婚，又加上“寿恭”

二字；三月，为庆光绪亲政，又加上“钦献”二字；光绪二十年，为庆西太后六十大寿，又加上“崇熙”二字。这时已有十六字。待她死后，又在十六字前加庙号“孝钦”，十六字后再加“配天兴圣”四字和谥号“显皇后”。这样，她的庙号、尊号、谥号相连就共有二十三字（有的记载将“皇后”二字算上，就是二十五字），在清东陵为她供奉的神主牌上，就是这样写的全称：“孝钦慈禧端佑康颐昭豫庄诚寿恭钦献崇熙配天兴圣显皇后。”后人称她为慈禧太后，是用的简称。

我们在前面谈过，古代帝、后的尊号一般都不用作称谓，慈禧太后是一个明显的例外。而在帝、后之外，却有少数几个历史上的特殊人物有尊号，而且常用。这几个历史人物，我们应当有所了解：

孔子，自汉代以来，历代统治者给他追封了很多称号，其中除少数属于爵号，多数只能归入尊号。汉平帝元始元年（1），追谥为“褒成宣尼公”，这个“谥”，很明显应是早期的尊号。这以后，北魏孝文帝太和十六年（492），改为“文圣尼父”；北周静帝大象二年（580），追封“邹国公”；唐太宗贞观十一年（637），称“先圣宣父”；武后天授元年（690），追封

“隆道公”；唐玄宗开元二十七年（739），追封“文宣王”；宋真宗大中祥符元年（1008），加为“玄圣文宣王”；五年，又改为“至圣文宣王”；元成宗大德十一年（1307），改为“大成至圣文宣王”；明嘉靖九年（1530），改为“至圣先师”；清顺治二年（1645），加以“大成至圣文宣先师”；十四年（1657），又改为“至圣先师”。民国二十四年（1935），改称“大成至圣先师”。孔子的尊号长期使用，每一个读书人都曾经向写着这些尊号的神主叩拜。孔子的尊号是古代所有历史人物中使用得最多的尊号。

老子，本是先秦哲学家，道家学派代表人物。汉代以后，被道教徒尊为始祖，称为“太上老君”（详见《魏书·释老志》）。唐代时又被尊为李唐皇族之始祖，唐高宗乾封元年（666）上尊号“太上玄元皇帝”；唐玄宗时三次追封，最后为“大圣祖高上大道金阙玄元天皇大帝”；宋真宗时又改为“太上老君混元上德皇帝”。由于道教的流行，在民间知道“太上老君”“李老君”的，不知要比知道老子的人多多少倍。

关羽，在三国时本是一位武将。可从宋代以来，由于社会上对“忠义”的需要，遂逐渐被尊崇，最后被神化。他被尊为王，尊为帝，最后尊为神。关羽自宋代以来所得到的各种尊封，历代记载并不完全一致，而且又有皇家与宗教界两条渠道，我们这里不详加引述，总之，从宋徽宗封为“忠惠公”开始，屡有更改，至清顺治九年（1652），才定为“忠义神武关圣大帝”，乾隆三十三年（1768），又封为“忠义神武灵佑关圣大帝”，四十一年（1776）乾隆帝下诏说明“改曰忠义”的缘由，此后“忠义”之号未再改变。不过民间也有不少地方按明代的尊号简称为“关圣帝君”。

以上几位历史人物的尊号，今天只有阅读古代文献时才会见到。还有两位历史人物的尊号我们至今还在使用，还在称呼，这就是达赖与班禅。达赖的全称是“西天大善自在佛所领天下释教普通瓦赤喇怛喇达赖喇嘛”，这是清顺治十年（1653）以金册金印的形式册封给五世达赖阿旺罗桑嘉措的尊号，其中包含了汉、藏、蒙、梵四种语言。这个尊号以后一般都简称为“达赖喇嘛”，历世沿用。班禅的全称是“班禅额尔德尼”，是清康熙五十二年（1713）封赠五世班禅罗桑意希的正式尊号，也包含了满、梵、藏三种语言，后来一般都简称为“班禅”，历世沿用。

三　作为称谓使用的年号

年号，本是我国从汉代到清末的一种纪年方式，可是在一段较长的历史时期中，又作为帝王的一种很常用的称谓。所以我们在这里是把年号作为称谓使用的前提下来介绍年号的。

我国古代的纪年方法，在汉武帝之前，用过岁星纪年法、太岁纪年法、干支纪年法、王号纪年法。直到汉初，仍是用秦以前的王号纪年法纪年。汉文帝时，从元年（前179）一直到十六年无变化。十六年九月，“得玉杯，刻曰‘人主延寿’，令天下大酺，明年改元”（《汉书·文帝纪》）。即从第二年开始又从元年开始纪年，后人称为“后元”元年。汉景帝也曾两次改元，故而汉文帝有“后元”，汉景帝有“中元”和“后元”。汉武帝即位之后，也是元年、二年……排下去。由于汉代按五德终始之说，数字中最重“六”，汉武帝就六年一改元，连续改元五次，当时只以一元、二元、三元、四元、五元为称，很不方便。到了“五元”第三年，“有司言元宜以天瑞命，不宜以一二数。一元曰建元，二元以长星曰元光，三元以郊得一角兽曰元狩云”（《史记·孝武本纪》)。这是臣下的一种建议，建议以天瑞来改元命名，并为过去的几个元年建议了祥瑞的称呼。不过这次建议并未得到采纳，只是造了一次舆论。“五元”第四年，在汾阴挖出大鼎，“有司言宝鼎出，为元鼎”(《史记·封禅书》)，但仍未得到采纳。到了“六元”元年（前110）四月，汉武帝登泰山，举行封泰山的大典，十分兴奋，决定“嘉与士大夫更始，其以十月为元封元年”(《汉书·武帝纪》)，就是从该年十月这个年初（汉代以每年十月为岁首）起改元，不再叫“六元”元年，而叫“元封”元年，以后则叫元封二年、元封三年。这样，“元封”成为古代帝王正式宣布的第一个年号，是我国正式使用年号的开始。不过，有了“元封”年号之后，又给汉武帝在此之前的三十年，按五个六年，即一元、二元、三元、四元、五元，分别追加了年号：建元、元光、元朔、元狩、元鼎。

自从有了“元封”这个年号之后的两千多年中，我国古代的所有帝王都采用了年号纪年，只有几次对连续纪年无甚影响的不用年号纪年的短时期，可以看作例外。这几个短时期列举如下：

北朝西魏共历三帝，后面两帝即废帝与恭帝都是宇文泰手中的傀儡。宇文泰信周礼，而周代是无年号的，所以宇文泰没有为这两个傀儡皇帝立年号，时间共有五年。由于在有关史书与年表上当时都用南朝萧梁的年号纪年，故而西魏这一段无年号时期就不为人们所注意。紧接着，宇文觉从西魏手中“受禅”，建立北周，也未定年号。九个月之后，宇文毓接位，还是未定年号，直到第三年八月，才建元为“武成”。这样，北周初期的四年也无年号。但也由于上述的同样原因，未被人们所注意。

元代末年，王室内乱，元明宗当了八个月皇帝，未定年号。史书与年表都按元明宗之前与之后的元文宗的年号“天历”纪年，对年号纪年并无任何影响。

年号被用作帝王的代称，汉代就已出现，只因为当时一个帝王往往用几个年号，所以这种作为代称的用法不可能被采用，只是昙花一现而已。到了明清，每个帝王都只用一个年号（这里不包括明英宗当了两次皇帝的特殊情况，和清穆宗时因慈禧垂帘听政而有未使用过的“祺祥”与后来流行的“同治”两个年号的这一特殊情况），每个年号都是两个字，既是生时使用而又不用避讳，所以用年号作为帝王代称，就是很自然之事了。如明太祖称为洪武帝、明成祖称为永乐帝，十分方便。至于万历、崇祯、康熙、光绪这类简称，更为后人在非正规场合所乐用（在讲究礼仪的场合和正式公文中一般不能称年号）。一直到今天，主要的对明清帝王的称呼都是年号，而不是庙号与谥号。

最后，有必要加以说明的是，我们介绍了古代帝王的谥号、庙号、尊号与作为称谓使用的年号，这四种称谓在古代的不同时期有着不同的使用重点。

从周代到隋代，古人对帝王都以谥号相称，如周武王、鲁哀公、汉武帝、魏孝文帝、隋炀帝等，直到今天，我们对这些帝王的称呼主要仍是谥号。只有在少数情况下才以本名如刘邦、杨广等相称。

从唐代开始，对帝王主要称庙号，如唐太宗、宋神宗、明成祖等。为什么会从主要称谥号变为主要称庙号？史籍无征。吕思勉先生在《隋唐五代史·唐室衰亡下》有一种说法，认为由于从唐代开始为帝王加尊号，死后尊号谥号连称，仍叫谥号，字数太多，“佶屈不可诵，读史者于诸帝乃多称其庙号”。笔者认为这种说法很有道理。例如唐太宗死后，他的尊谥连称的谥号是“文武大圣大广孝皇帝”，就是简称，也要叫“唐大广孝帝”，当然不如称其庙号“唐太宗”方便得多。

明清时期，在比较严肃的场合，仍然称庙号，但一般则称年号，这一点在前面已谈到。需要注意的是，上面三个时期对不同称谓的使用，只是主要的，不是绝对的，就以明清来说，以称年号为主，也可以称庙号和谥号，例如人们很熟悉的光绪帝，在清末就有人称他为德宗，为景皇帝。

帝王的专门称谓

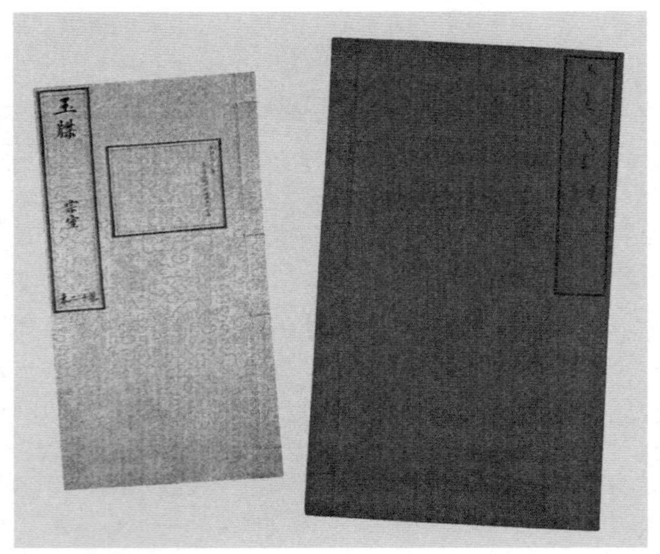

清朝皇室家谱——《玉牒》

我们在前面所讨论的谥号、庙号、尊号与年号，主要都是古代帝王所使用的称谓。但这仅是古代帝王称谓中几种最常见的，此外还有若干专门称谓。我们在研究古人称谓时，帝王称谓应是重点，这不仅因为在各种文献中使用率最高，也因为古代帝王身份特殊，有关的称谓讲究多、变化大，最难掌握。所以我们在这里再专列一章，进行讨论。

关于古代帝王的称谓，有一个总的概况需要先加以说明。如同古代其他礼仪制度一样，古代帝王称谓比较严格的规定或比较复杂的讲究，是从秦汉才开始的。洪迈《容斋随笔·呼君为尔汝》列举了若干例子，证明周代臣下可以呼周王为“尔”“汝”“子”，以至“虽幽、厉之君，亦受之而不怒”。这种情况在秦汉之后是绝对不可能的。

秦始皇是我国第一个将帝王称谓提到最重要地位

的帝王。他统一天下之后，认为自己“以眇眇之身，兴兵诛暴乱。赖宗庙之灵，六王咸伏其辜，天下大定。今名号不更，无以称成功，传后世”。于是他下达了“号曰皇帝”，“天子自称曰朕”（《史记·秦始皇本纪》）的强制性决定，而且被后世长期遵循。汉承秦制，并有所发展，有了更详细的规定。蔡邕《独断上》载：“汉天子正号曰皇帝，自称曰朕，臣民称之曰陛下。其言曰制、诏，史官记事曰上。”秦汉以后，有关帝王的称谓更是越来越复杂、越讲究、越神化。所以，我们在下面所讨论的帝王称谓，主要都是秦汉以后的。有不少称谓虽然源出先秦文献，但其作为帝王专用，不得乱改、不得僭越的特点，也往往是秦汉时期或秦汉以后才有的。

一　“王”“后”之类

“王”，是古代帝王最早的专用称谓，殷代一直称王，周代的周王也一直未改。春秋战国时各诸侯国君大多称王。无论后来帝王称谓有多少变化，但一直可以称王，如君王、帝王、大王、天王、先王等，这是人们所熟知的。需要说明的是，战国时在各国多称王的情况下，出现了威临诸王之上的“帝”（详见后）。于是，王就退了一级，成为较帝低一等的称号，如《国语·周语》“荒服者王”，韦昭注：“王，王事天子也。”秦汉以后帝王均称皇帝，王就成为仅次于帝的最高封爵。在处于分裂的南北朝时期、五代十国时期，一些君临一方的帝王往往是先称王、天王，最后才敢称帝，或一直不敢称帝。

“后”，是先秦时期帝王的一种称号。从传说中的后稷、后羿、后夔，到《史记·夏本纪》中的“夏后帝启”，到《尚书》中多次见到的“后”与“元后”，还有“皇后”（见《尚书·顾命》蔡沈《集传》：“皇，大也；后，君也。”），乃至将诸侯王称为“群后”，这些“后”都是帝王，而不是秦汉以后的后妃之“后”，我们读书时不能误解。

如果要问，“后”为何最初会是帝王之称呢？这可以从字源学上找到根据。在金文中可以清楚看出，“后”与“司”本是一字，仅是向左向右之别，其字从手从口，手在口上，故有发号施令之意。《说文》解释“后”字说：“象人之形，施令以告四方……发号者，君后也。”解释“司”字说：“从反后。”《说文》对

"王""帝""君"等字的解释都不对，但对"后"的解释却很准确，这是值得在此强调几句的。

秦汉以来，帝王不再称后，但在一些文献中往往用古称，如《昭明文选·东京赋》"惟我后能殖之"，这是指帝王。《华阳国志·巴志》"帝选元后"，"我后恤时务"；《宋大诏令集·张训加恩制》"行庆固先于群后"，这些是指相当于先秦诸侯王的地方长官。我们读书时，对这些"后"千万不能与后妃之"后"混淆。

"天子"，这是在《诗经》《尚书》中就已使用的帝王之称。《白虎通义·爵》："王者父天母地，为天之子也。"天子之称常见，不再举例。

与"天子"相对为"巨公"。古代一方面视帝王为天之子，另一方面却又视帝王为天下万民之父，故又称天子为"巨公"（古人称父为公）、"钜公"。《汉书·郊祀志上》"吾欲见钜公"，颜注："天子为天下父，故曰钜公也。"

二　"皇帝"之类

从雄才大略的秦始皇，到退位时才六岁的宣统，许

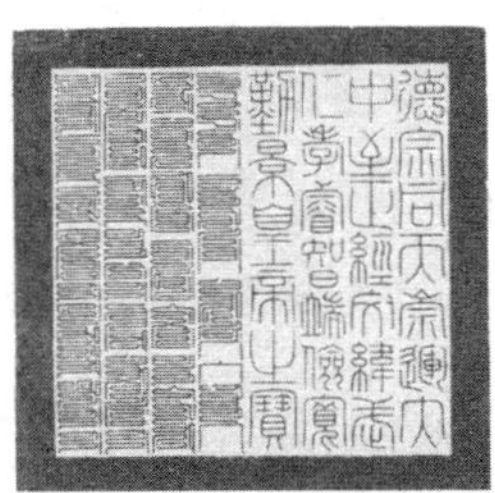

德宗景皇帝青玉谥宝

多帝王最重要的称号是皇帝，这是人们所熟知的。这里谈谈古代帝王与皇帝有关的种种称呼。

首先，要指出的是，最早见于《周礼·春官·外史》的“三皇”和“五帝”，都是传说，是不可靠的。整个先秦时期，从不以“皇”作为人君之称。战国时，齐、秦曾短期称帝，很快就取消了帝号。所以先秦时期实际上未有人君长期称帝。

其次，秦始皇之后，帝王长期称为皇帝，而且可以简称为“皇”，为“帝”。可是，如果“皇”和“帝”分开使用时，仍是有区别的，“皇”要比“帝”的最崇高的地位稍差。例如秦始皇和汉高祖都尊其父亲为“太上皇”，而不称为“太上帝”。《三国志·魏书·王肃传》载王肃之说：“汉总帝皇之号，号曰皇帝，有别称帝，无别称皇，则皇是其差轻者也。”魏晋之后，这种区别已不太严格，但有时仍有明显表现，如五代时后唐庄宗李存勖将他父亲李克用“追谥为武皇帝”，可五代时和宋代不少人只称他为“武皇”，而不称为“武帝”，就因为曹操死后也被追谥为“武皇帝”，简称为“武帝”。而李克用地位不如曹操，故而只称他为“武皇”。

再次，古代还有几个与皇帝有关的称号，见下。

“太上皇”，常见，一种是开国皇帝称自己的父亲为“太上皇”，其实仍是平民。另一种是帝王让位给后辈，后辈则称这位类似退休的帝王为“太上皇”。后一类在古代最多，其中又有各自不同的来历和处境，有着不同的作用。有兴趣的同志可参看拙著《古代职官漫话》中的《关于皇帝》一章，兹不赘述。

“皇上”“皇王”，古人常用，如：《魏书·拓跋遥传》“臣去皇上，虽是五世之远”；《文心雕龙·诏策》“皇王施令，寅严宗诰”。可是要注意，“上皇”也常见，却不是对皇帝之称，而是对天帝或传说中的远古帝王之称；或用作对“太上皇”的简称，我们千万不要与“皇上”相混淆。另外，“上帝”一称，大多数情况下指的都是天帝，可有时也可以称人间的帝王，如《后汉书·李膺传》“顷闻上帝震怒，贬黜鼎臣”；《太平广记·奴苍璧》“无令杀人过多，以伤上帝心”。

“玉皇”“玉帝”，本是道教用语，唐宋时道教盛行，故而可以见到称帝王为“玉皇”“玉帝”的，如温庭筠《赠弹筝人》诗“天宝年中事玉皇，曾将新曲教宁王”；王维《金屑泉》诗“翠凤翊文螭，羽节朝玉帝”。

三　“君”“主”之类

“君”，本为发号施令者，故而“天子、诸侯及卿大夫有地者皆曰君”（《仪礼·丧服传》郑玄《注》）。早在《诗经》《尚书》和西周金文中就已称帝王为君，一直到近代，此为大家所熟知。还有若干与“君”有关的称呼，如“君王”“君上”“人君”，都容易理解。此外还有一些不常见的称呼：“君子”，只见于先秦，如《诗经·秦风·车邻》“未见君子，寺人之令”；“君人”，如《周书·明帝纪》“有君人之量”；“大君”，如《战国策·楚策三》“窃慕大君之义”；“君父”，如曹植《求自试表》“言不以贼遗于君父也”。

“主”，凡各级首领均可称主，当然一国之君也可称主。《管子·七臣七主》“君法则主位安，臣法则货赂止”；杜甫《入衡州》诗“报主身已老，入朝病见妨”。与君有关的称呼有“主君”“主公”“主上”“人主”“世主”“国主”，这些都容易理解，不再举例。值得注意的是，“君主”一称，近代常用如“君主制”之类，可古代除用来称帝王外，还用来称帝王之女，犹“公主”，我们要注意，不要把后一意义的“君主”和“君王”等同。

关于“主”，有一点必须指出，就是从《三国志》开始，在用法上如果与“帝”相对，就表示比“帝”稍低。《三国志》中，陈寿称他认为是正统的曹魏之君为“帝”，而称他认为非正统的蜀汉、东吴之君为“主”。诸葛亮等人称刘备本是称的“先帝”，有些也被改为“先主”“主公”。《三国志》这种用法，对后世影响不小，《华阳国志》就与《三国志》相同。朱熹的《资治通鉴纲目》与陈寿的正统观相反，又称蜀汉为“帝”，而称曹魏、东吴为“主”。五代十国时的南唐帝王李璟、李煜父子因惧伏于后周，只敢自称“国主”（所谓“李后主”之称，即沿于此）；宋代西夏李元昊建国称帝，宋仁宗只册命为“夏国主”。陆游认为此种称呼“当时必有定制，然不尽见于国史也”（《老学庵笔记》卷六）。

四 “官”“家”之类

“官”之初义为官府、治事之所，由此而引申为管理、治事者，所以最高的管理者帝王也可以称为“官”。《子华子》虽是一部伪书，但其成书于北宋，书中所说的“天子，大官也”，是一句很确切的话。“官”作为古代帝王之称，并不多见，主要使用于魏晋南北朝时期，如《晋书·石季龙载记下·石鉴》“与官同心者住”；《南齐书·荀伯玉传》“太子所为，官终不知”。

“县官”，是一个很容易混淆的称谓，在汉代，主要是用作对天子、对朝廷之称。《汉书·霍光传》“今丞相用事，县官信之”，这是称天子；《史记·孝景本纪》“令内史郡不得食马粟，没入县官”，这是指朝廷；《后汉书·刘矩传》“县官不可入，使归更寻思”，这是指官府。那么，“县官”一词何以有这些用法呢？传统的解释有两种：《史记·绛侯周勃世家》“庸知其盗买县官器”，司马贞《索隐》说：“县官，谓天子也。所以谓国家为县官者，《夏官》（按：指《周礼·夏官司马》）王畿内县即国都也。王者官天下，故曰县官也。”王士禛《香祖笔记》卷九谓：“《汉书》东平王宇曰：‘今县官年少。’张晏曰：‘不敢指斥成帝，谓之县官。’然不明著其义，当亦称陛下、乘舆之义也。”这二说都有一定道理，又都不能令人完全信服，当并存待考。

汉代以后，“县官”的上述用法用得不多，但直到明清偶尔仍有用的，如李贽《续藏书·都司戚公》就有“是役也，县官仅发十万缗”之载。

在有关古代帝王的称谓中，比较特殊而又不大好理解的还有一组称“家”的称谓。《资治通鉴·唐昭宗天祐元年》胡三省注：“西汉群臣谓天子为‘县官’，东汉以来谓为‘国家’，唐时宫中率呼天子为‘宅家’，又群小呼之为‘官家’。”其实，称“家”者还不只胡三省所举这些。重要的有以下例子。

“国家”，主要用于汉代，晋代也有。《汉书·陈汤传》“国家与公卿议，大策非凡所见，事必不从”；《后汉书·窦宪传》“国家弃宪如孤雏腐鼠耳”；《晋书·陶侃传》“国家年小，不出胸怀”。

“官家”，始于晋，用得较多的时代是唐宋。《晋书·石季龙载记上》“官家难称，吾欲行冒顿之事，卿从我乎”；白居易《喜罢郡》诗“自此光阴为己有，从前日月属官家”；宋人朱弁《曲洧旧闻》卷二“官家知大臣称贺之意乎”。

“大家”，汉代就已使用，蔡邕《独断上》：“亲近侍从官称曰大家，百官小吏称曰天家。”又如《南齐书·河间王孝琬传》“此言属大家也”；《新唐书·李辅国传》“大家弟坐宫中，外事听老奴处决”；《建炎以来系年要录》卷二十“市人指之曰：大家去也”。

“天家”，用法与“大家”相近。《魏书·咸阳王禧传》“我不负心，天家岂应如此”；范仲淹《知府孙学士见示和终南监宫太保道怀五首因以缀篇》之二“红霞绿竹忘机地，未免天家下诏求”。

“宅家”，主要是唐代用于宫中，如《资治通鉴·唐昭宗光化三年》：“军容勿惊宅家。”唐代以后偶有用者，如宋代的四川诗人唐庚在《唐子西集》中就有“宅家喜得调元手”之句。

古代帝王为何会有上述这些令今人难以理解的称呼？历来有几种解释。蔡邕《独断上》说“天子无外，以天下为家，故称天家”；曹魏时的蒋济在《万机论》中说“三皇官天下，五帝家天下，兼三五之德，故曰官家”；胡三省在为《资治通鉴·晋成帝咸康三年》注释“官家”时说“西汉谓天子为县官，东汉谓天子为国家，故兼而称之”；唐人李匡文《资暇集》卷下则认为“盖以至尊以天下为宅，四海为家，不敢斥呼，故曰宅家，亦犹陛下之义”。以上这些解释，都不能令人信服。近年杨宪益先生别出新解，认为“县官”“官家”“大家”很可能是胡语“汗”“可汗”“大汗”的异译，因为古音相近（见《译余偶拾·说“县官”“官家”为“可汗”的异译》)。此说也尚待进一步的证实。

五 “尊”“上”之类

我们在上面谈到的有关帝王的四类称谓，前三类基本上既可作为后人对去世帝王之称，又可作为对在世帝王之称；第四类主要用于对在世帝王之称，即所谓“生称”。下面要介绍的几种，也主要用于生称。

“至尊”，最早见于汉代，本是对帝王崇高地位的一种形容，如贾谊《过秦论》“履至尊而制六合”；《史记·孝武本纪》“朕以眇眇之身承至尊”。由此而引申为对帝王的一种尊称。《汉书·元后传》“张美人已尝适人，于礼不宜配御至尊”；《昭明文选·东京赋》“降至尊以训恭”，李善注“至尊，天子也”；杜甫《丹青引》“至尊含笑催赐金”。

“大尊”，与“至尊”相近，如《周书·乐运传》：“大尊初临四海。”

“上”者“尚”也，很早就用于臣下对帝王之称。《国语·齐语》“不用上令者”，韦昭注：“上，君长也。”秦代，臣下称秦始皇与秦二世多称为“上”，以后一直用到清代。在某些场合，“上”还可以用作自称。《汉书·宣帝纪》“上亦亡繇知”，颜注：“上者，天子自谓也。”

“上”，又作“今上”，如《史记·封禅书》“今上即位”；又作“圣上”，如班固《东都赋》“圣上睹万方之欢娱”；又作“皇上”，如《魏书·拓跋遥传》“臣去皇上，虽是五世之远”。

“明上”与“太上”也是对帝王之称，但用得不多。如《晏子春秋·内篇问下》“明上之所禁也”；《汉书·淮南厉王长传》“欲以亲戚之意望于太上”，颜注引如淳曰“太上，天子也”。

六　代称

以上种种有关帝王的称谓，大体上都是出于尊颂的。这里还要介绍一类，或是以卑达尊，或是借物指代，或用其他代称，大体上都可以归于代称一类。

“陛下”，这是典型的以卑达尊，在前面《尊称》一讲中已经讲过，兹不重复。

“万岁”，即万年，本是庆贺的吉祥用语，在任何场合、任何人，凡表欢庆之情均可称“万岁”；人死也可称“万岁”，有如“百年”之类；人名也可以叫“万岁”。总之，“此字上下可以通称”（详见《陔余丛考·万岁》）。由于臣下对帝王欢呼庆贺时也常呼“万岁”，故而“万岁”逐渐成为对帝王的一种代称。不过，“万岁”长期未成为帝王的专称，唐宋时民间犹用为庆贺之词。

“乘舆”，本是帝王所乘之马车、肩舆之类，《新书·等齐》：“天子车曰乘舆。”按以卑达尊之义，从汉代起就以“乘舆”为帝王之代称，蔡邕《独断》“天子至尊，不敢渫渎言之，故托之于乘舆……或谓之车驾”；班固《东都赋》“礼官整仪，乘舆乃出”；清彭孙贻《平寇志》卷六载，李自成“驰檄黄州，指斥乘舆”。

“车驾”，与“乘舆”相近，本来也是指帝王车舆，用作帝王之代称。《汉书·高帝纪下》“是日车驾西都长安”，颜注：“凡言车驾者，谓天子乘马而行，不敢指斥也。”汉以后，“车驾”与“乘舆”一样，经常使用，如《旧唐书·昭宗纪》：“车驾在凤翔，全忠在三原。”

“驾”，是“车驾”的简省，并由此而有“尊驾”“大驾”之称。《后汉书·郭宪传》“从驾南郊”；《晋书·王鉴传》“愚谓尊驾宜亲幸江州”；《三国志·吴书·是仪传》“大驾东迁”。“驾”在古代用得最多的是

明代官员乘舆图

称帝王去世为“驾崩”“晏驾”，如《战国策·秦策五》：“秦王老矣，一日晏驾，虽有子异人，不足以结秦。”这以后一直用到清代。由于“驾”有上述这些用法，所以后来也扩大为对一般人的尊称，如“台驾”“枉驾”之类。

“大行”，本是对一种行动的修饰，有如今言“一去不返”。古人讳言帝王之死，而用其他词语代称，如“晏驾”“崩”“升遐”“登遐”“山陵”“捐宾客”“弃天下”“龙驭上宾”“万岁千秋”，还有一个就是“大行”。由于帝王离开人生可称“大行”，所以也就把已死去之帝王称为“大行”。《史记·李斯列传》“今大行未发，丧礼未终”，这里的“大行”就是称刚死去的秦始皇。由于《史记》中有此用法，后代遂长期将刚死去而尚未上庙号、谥号的帝王称为“大行”或“大行皇帝”。宋吴曾《能改斋漫录·事始》：“人君之亡，未有谥号，皆以大行称之。”唐代以来，刚死去的皇后也可以称“大行皇后”。

古代帝王死后的代称还有一种“陵名”，或叫“陵号”“墓号”。古代帝王死后，都有专门的墓葬，从战国时起例称为“陵”，而且都有专名，如汉高祖之长陵、汉武帝之茂陵。故而唐宋以来往往将过去的帝王以其陵名相称，如宋朱弁《曲洧旧闻》卷一有“昭陵谨惜名器”之载，卷二有“厚陵初，张康节预政”之载，这里的昭陵即宋仁宗，厚陵即宋英宗。

关于“陵名”，有两点需要注意。一是古人有时将庙号也称为陵，如研究明末农民战争史，有一部重要的必读书《怀陵流寇始终录》，可明代没有哪位帝王的陵名叫怀陵。原来，清初为明崇祯帝立的庙号叫明怀宗，这里的怀陵，就是将庙号称为陵的。二是古代帝王陵墓称陵，但并非只有帝王陵墓才称陵，如《琵琶行》就有“家在虾蟆陵下住”之句。“虾蟆陵”系“下马陵”之音讹。“下马陵”，据李肇《唐国史补》卷下，乃汉代大儒董仲舒之墓。

七　自称

以上所讨论的帝王称谓，都是他称。古代帝王的自称，除在少数场合用通行的“余”“予”“吾”，都用一些特殊的、专用的谦称。

“余一人”“予一人”“一人”，是殷周时期帝王所用的谦称，这在甲骨金文与先秦典籍中习见。《礼记·玉藻》“凡自称，天子曰予一人”；《白虎通义》卷二“王者自谓一人者，谦也，欲言己材能当一人耳”。需要说明的是，在目前所见的先秦史料中，“予一人”“一人”都是自称，从不作为他称。可在晚出的伪《古文尚书》中有用作他称之例，故而唐宋以来偶尔也有用作他称的，如王禹偁《待漏院记》：“况夙兴夜寐，以事一人。”

“朕”，在秦以前本是通用的自称，秦始皇将“朕”定为帝王专用的自称（皇后、皇太后也可称“朕”）后，一直用到清代。我们在前面的《自称》部分已有论述，兹不赘。

“孤”，原指无父之孤儿；“寡”，原指老而失偶者，可很早就用作古代王侯的谦称，《老子》《左传》中就已使用，而且长期沿用，人们习见，这里不再举例。但有两个问题必须注意。一是先秦时期，周天子从不称“孤”道“寡”，只有列国之君或诸侯才称“孤”道“寡”。秦始皇以后，大一统王朝的帝王也不称“孤”道“寡”（当然，不谨严的文学作品不在此例），而割据一方的帝王、各方诸侯、与侯王地位相近的大军阀、大贵族才称“孤”道“寡”，包括实权在握的曹操、诸葛亮

明成祖的长陵

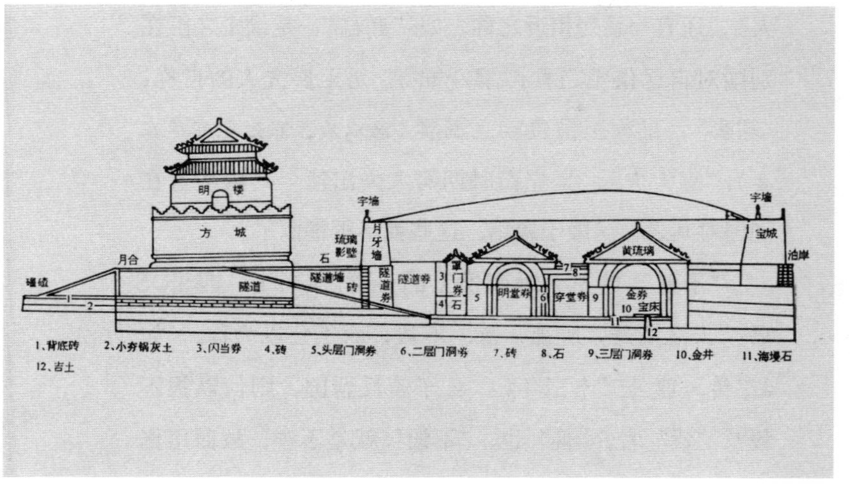
明楼
方城
宇墙
月牙墙
琉璃影壁
石
月合
礓碴
隧道
隧道墙
砖
隧道券
罩门券
石
明堂券
穿堂券
黄琉璃
金券
宝床
宇墙
宝城
泊岸
1、背底砖　2、小夯锅灰土　3、闪当券　4、砖　5、头层门洞券　6、二层门洞券　7、砖　8、石　9、三层门洞券　10、金井　11、海墁石
12、吉土

嘉庆皇帝昌陵地宫剖面

也可以称“孤”道“寡”。这说明《礼记·曲礼下》所载的“庶方小侯……自称曰孤”，“诸侯……自称曰寡人”，是有根据的，而且为后世所遵循。二是关于“寡人”，还有一系列相近之称，如“寡君”，是侯王之臣在别国对自己侯王之称；“寡小君”，是王侯夫人的自称；“寡妻”，是称王侯贵族之嫡妻（汉以后，寡妇也可称寡妻）；“寡大夫”，是先秦时期卿大夫出使，其随从者在别国对其之称。限于篇幅，这些就不再举例了。

“不穀”是先秦时诸侯王的自称。《老子》四十二章：“人之所恶，唯孤、寡、不穀，而王公以为称。”如《左传·僖公二十三年》：“公子若反晋国，则何以报不穀？”“穀”者，“善”也，“不穀”就是不善，故而用作谦词。

别号、室名与讳号

金农《梅花三绝册》之一，题名“稽留山民”

我们在本讲中所要讨论的三种古人称谓：别号、室名与诨号，可以视为一种类型，它们有着共通的特点，即：都是一个人名与字之外新增的称谓，都有较大的随意性；可以有，也可以没有；可以有一种，也可以有几种；可以是自己所定，也可以是别人赠予；可以公开使用，也可以不公开使用；可以更改，还可以作废。总之，都不如名与字那样相对稳定与规范。

一 别号

“别号”，或称“号”“自号”，是成年之后，在有了名与字之后，根据本人的意向或特征而拟定的称谓，可以视为一种新名。《释名·释言语》“号，呼也，以其善恶呼名之也”；《周礼·春官·大祝》“辨六号”，郑玄注“号，谓尊其名，更为美称焉”。最初的“号”，见于

《左传·昭公二年》“少姜有宠于晋侯，晋侯谓之少齐”，杜预注“为立别号，所以宠异之”，孔颖达《疏》“盖以其齐女，故以齐为别号……服虔云：所以宠异，不与齐众女字等，言齐国如此好女甚少”。这种“于字、名外，别立一号”（《陔余丛考·别号》）的“号”，就叫作“别号”；别号中有少数是为自己所定的号，又称为“自号”，其实与别号是一回事。

别号的起源很早，章学诚曾在《文史通义·繁称》中指出：“号之原起，不始于宋也。春秋、战国，盖已兆其端矣。陶朱、鸱夷子皮，有所托而逃焉者也；鹖冠、鬼谷诸子，自隐姓名，人则因其所服所居而加之号也。皆非无故而云然也。”他的看法是正确的。有些古籍记载了一些更早的别号，如谓黄帝别号“归藏”（见吴莱《三坟辨》）、帝喾之师别号“赤松子”（见《汉书·古今人表》）、老子别号“广成子”（见《庄子·在宥》，《释文》引成玄英《疏》）等，都属于传说，不可信。

别号虽然起源甚早，但使用者很少，汉晋时一般只有退隐山林者用之，唐代也多为乡居不仕或仕而归田者所用，到宋代才别号成风，上起达官贵人，下至牙侩盗贼，都有不少人用别号（详见赵翼《陔余丛考·别号》）。

当然，从整个社会来看，使用别号者主要都是不同阶层的知识分子，知识分子又不是都有别号，既无礼制的规定，也无习惯的约束，具有颇大的随意性。这很像现代文化界的笔名与艺名。在中华人民共和国成立以前，多数人都有，但也有一些人没有；中华人民共和国成立以后，多数人不再用，但一些人仍可自由使用，谁也不会加以干预。

别号可以有一个，也可以有几个甚至几十个；可以废旧号而用新号，也可以新旧并存，同时使用。我们曾以苏轼为例，举出了他的好几十个称号，其中多数都属于他的种种别号。又如明清之际的著名学者傅山（傅青主），他的别号就有大笑下士、公之它、丹崖子、丹崖翁、观化翁、五峰道人、石老人、石道人、真山老人、朱衣道人、龙池道人、龙池闻道下士、老蘗禅、西北之西北老人、酒道人、酒肉道人、傅道人、傅道士、傅道子……又如清代著名画家金农（金冬心），他的别号也有冬心、金牛、老丁、古泉、竹泉、稽留山民、曲江外史、枯梅庵主、莲身居士、耻春翁、寿道士、昔耶居士……这样多的号，大多都是自号。

宋代以后的上述一人多号情况，必然使不熟悉的旁人或后人如堕五里雾中，见其号不知到底是谁。我们举一个比较突出的例子：清初大画家石涛（朱若极）在今天的知名度之高，是人所共知的。可他在世时和去世后的一段时间，其知名度却远逊于另一画家八大山人（朱耷），更不用说天下知名了。其中一个很重要的原因就在于石涛的别号太多，他在自己作品上所署的大多是各种不同的别号，在信息传播不太灵通的古代，人们很难知道许多杰作乃是石涛一人所作。关于这一点，大书画家郑板桥曾为之深叹："石涛画法，千变万化，离奇苍古，而又能细秀妥贴，比之八大山人，殆有过之，无不及处。然八大名满天下，石涛名不出吾扬州，何哉？""八大无二名，人易记识。石涛弘济，又曰清湘道人，又曰苦瓜和尚，又曰大涤子，又曰瞎尊者，别号太多，翻成搅乱。"（《板桥集·题画·靳秋田索画》）古人于古人之不同别号尤感难以区别，我们今天读书，遇到这类情况尤应加以注意。

除了一人可以多号，别号不同于名字的另一特点是字数不定，无行辈、礼教之束缚，相当自由，变化很大。由于文人的号大多是自号，所以可以各抒胸臆。

先从字数看，少者一个字，如关羽号髯，颜延之

八大山人《荷石水鸟图》

号彪。大多为二至四个字，如欧阳修号醉翁、卢仝号玉川子、方以智号浮山愚者。超过四个字的是少数，但也最为特别，如李白号海上钓鳌客、郑思肖号大宋不忠不孝人、唐寅号江南第一风流才子、徐乾学号开皇山下人家。别号最长的是清代的释成果，他模仿清代高级官员的结衔，为自己取号为万里行脚僧小浮山长统理天下名山风月事兼理仙鹤粮饷不醒乡侯。

从内容看，别号大体上都有一定内涵，表达一定的志趣，是在“自鸣其志”（沈德潜《万历野获编·别号有所本》），故而真有点百花齐放、异彩纷呈的味道。如果从别号的外型来分，大致可分为以下八类。

一、以称谓自号，如叟、老、翁、子、生、人、民、客、士、主、公、君、长、友、夫、臣、郎、史、父、儿、徒、卿、先生、公子之类。

二、以身份自号，如布衣、吏、尹、佣、奴、丐、侍者、尚书、太守、病夫、园丁、学者、门生、和尚、沙门、住持、头陀、尊者、居士、道人、道士、真人、隐逸、东床、儒、僧、仙、佛、衲、禅、客之类。

三、以百业自号，如渔者、钓徒、农夫、耘夫、耕者、樵夫、牧、药者、工、驿人、卒、航之类。

明唐寅行书《落花诗卷》（部分）

四、以居处自号，这与下面将要讨论的“室名”一致，详见下。

五、以山川自号，如山、峰、麓、壑、谷、川、溪、涧、潭、池、塘、岩、海、洲、岗、坡、田、隈、窟、洞之类。

六、以园林自号，如园、林、墅、别业、坞、榭、栏、堤、廨、石之类。

七、以器物自号，如舟、船、舫、艇、窗、衣、裘、龛、壶、瓢、桥、剑、罗、钢之类。

八、以村里自号，如村、里、廛、邻、巷、桃源之类。

如果从别号的内涵来分，大致可分为以下十四类。

一、记其爱好，如汪启淑号印癖先生。

二、喜言收藏，如冯文昌号金石录十卷人家。

三、述其业绩，如刘庠号写十三经老人。

四、特写形貌，如祝允明号枝指生。

五、铭刻时年，如赵孟頫号甲寅人。

六、表明生活，如欧阳修号六一居士（按：谓一琴一棋一书一酒一金石，加上自己）。

七、抒写胸臆，如司空图号知非子。

八、衷述仰慕，如杨守敬号邻苏老人。

九、标其境界，如李慈铭号霞川花隐。

十、呼其狂放，如贺知章号四明狂客。

十一、拆字变化，如徐渭号水田月老人。

十二、述其身世，如郑板桥号康熙秀才雍正举人乾隆进士。

十三、标明籍贯，如吴趼人号我佛山人。

十四、表示革命决心，如李自成号闯王。（以上分类参考了马来西亚学者萧遥天先生《中国人名的研究》一书，特此说明。）

需要注意的是，由于别号实际上大多是自号，一般来讲都表达了某种情趣、寄托，可以从中窥其内心世界。陆游早年号放翁，晚年号龟堂，其内心变化，真是跃然纸上；宋末画家郑思肖，字忆翁，号所南，又号三外隐人、大宋不忠不孝人，室名本穴世界，他的名（思肖，即思趙宋）、字、号、室名（本穴二字，将“本”字之“十”移于“穴”下，就变成“大宋”二字），透露出强烈的忠于南宋的遗民之情，更是典型的一例。可是，也有不少人的别号纯属故作闲适、伪标野趣，与其本来的胸怀情趣完全是两回事。明末著名的降清大臣钱谦益号渔樵子，清末权臣张之洞号无竞居士，窃国大盗袁世凯号洹上渔人，都是明显的例子。当然，更多的山人、野人只不过是附庸风雅，或是抒发愤懑而已。关于这一点，自号东郊野夫的北宋柳开有一段很好的自白："予性甚僻，气甚古，不以细行累其心。走四海间，求与知者，竟无一人。归来乡里，日益时病，常卧草堂下，自称曰野夫。仆实非野夫，盖不能苟与俗流辈拘，以自荡厥意，故是言耳。"（柳开《河东先生集·上符兴州书》）

别号不仅男子有，一些女中文士也有，如李清照号易安居士，朱淑真号幽栖居士，陈婉俊号上元女史。

别号不仅一般人有，有的古代帝王也有，如梁元帝号金楼子，后周太祖号花项汉，李后主号莲峰居士、钟隐者，宋太祖号铁衣士，宋徽宗号宣和主人，明宣宗号长春真人，明武宗号锦堂老人，明世宗号天池钓叟，清高宗号十全老人、长春居士，清文宗号且乐道人，等等。

由于唐宋以来文人取别号者多，称别号者广，给后人读书带来不少困难。一方面是一个人有几个乃至几十个别号，这方面情况我们已经举过一些例子；另一方面是几个人乃至几十个人先后同用一个别号。据笔者大略地统计，包括唐代著名文艺理论家司空图和清代著名学者黄丕烈在内，有十三人号知非子；包括唐代诗人顾况在内，有七人号华阳山人；包括唐代诗人杜荀鹤在内，有七人号九华山人；包括宋代诗人张俞在内，有九人号白云先生。这些例子可谓不胜枚举。李白号青莲居士，明代的郑钦也号青莲居士。白居易号香山居士，清代的谢天锡也号香山居士。所以我们读书时特别要注意这种多人同号的情况，要通过相关的其他材料来加以区别，作出判断，以免张冠李戴。

二　室名

古代的室名，有广义与狭义之分。广义者，凡为私家居室、房舍、园林所命之名均可称为室名；狭义者，仅指文士为自己的书房、书斋所命之名，故而又称斋号。古人于此区别不太严格，在大多情况下是指后者，但又可以以斋名代指整个居处。我们在这里所提到的室名也未作区分，但主要指的是书房之名。

古人何时始用室名，现在很难确指，因为广义的室名，可能出现很早，只是未留下记载。至于狭义的室名，陆以湉在《冷庐杂识·斋号》中认为“南宋后始有斋号，而史传皆从略。志书系号，始于景定《严州志》”。这种论断不妥，因为晋代就有王子良的古斋，南朝有梁萧统的文选楼、梁顾野王的读书堆，这些都应是早期的书斋之名。到了唐代，就更多了，以知名者为例，如李林甫的月堂、陆贽和顾况的读书台、郑谷的仰山书堂等，都很可能是斋号；至于广义的室名，如杜甫的草堂、王维的竹里馆、刘禹锡的陋室、裴度的午桥庄等就更多了。

唐代以后，取室名之风越来越盛，文士间就流行以室名相称，行文时也往往以室名自署，这样，室名也就成为与别号相似的一种称谓。如果从数量上看，明清时期所流行与使用的室名比别号还多，不少文士的室名比别号的知名度还高。直到今天，凡接触清代文献较多者，一见“士礼居”就知是黄丕烈，一见“平津馆”就知是孙星衍，一见“春在堂”就知是俞樾，一见“陶斋”就知是端方。如同可以将姓加于别号之前称呼宋人如苏东坡、黄山谷、李易安、陆放翁一样，清代也可以将姓加在室名之前，如称呼卢文弨为卢抱经（卢之室名抱经堂）、称吴大澂为吴愙斋、称姚鼐为姚惜抱（姚之室名惜抱轩）、称王闿运为王湘绮（王之室名湘绮楼）。如果在室名之后加上“主”“主人”，就完全与别号无异了，如曾国藩号求阙斋主人、溥侗号红豆馆主，这都是人们比较熟悉的。

室名当然都是以居处为名，如斋、堂、馆、室、房、屋、阁、轩、庐、庄、舍、宅、寮、库、筑、楼、台、亭、所、处、窝、居、厦、榭、巢、庑、塾、墅、廛、顾、巷、厂、园、林、坞、溪、栏、塘、堤、廨、村、里、邻、别业……

室名与别号在很多方面的特点都颇为相似，就以室名的内容来看，与别号就基本相同。可分为以下各类：记其爱好者，如周邦彦室名顾曲堂；喜言收藏者，如傅增湘室名双鉴（按：指宋版、元版《资治通鉴》）楼；述其业绩者，如郑杰室名注韩居；表明生活者，如忻宝华室名不暇懒斋；抒写胸臆者，如鲍廷博室名知不足斋；衷述仰慕者，如李慈铭室名荀学斋；标其境界者，如朱彝尊室名夕阳芳草村落；呼其狂放者，如唐寅室名桃花庵（按：《桃花庵歌》云：“但愿老死花酒间，不愿鞠躬车马前……别人笑我忒风颠，我笑他人看不穿。”）；述其身世者，如胜保室名十五入泮宫二十入词林三十为大将之斋；表示革命决心者，如谭嗣同室名壮飞楼。

同别号一样，古人可以有几个乃至几十个室名，早在唐代，王维就有竹里馆、辛夷坞、辋川别墅，裴度就有午桥庄、迎晖亭、绿野堂等室名。明清的一些收藏家的室名最多，因为他们往往在不断增加藏品的同时增加新的室名，如清代著名金石学家吴大澂，他经常使用的室名是愙斋和恒轩，其他室名有好几十个，如十将军印斋、二十八将军印斋、八虎符斋、十六金符斋、十圭山房、十铜鼓斋、三百古玺斋、千玺斋、五十八璧六十四琮七十二圭精舍、玉佛龛、玉琯山房、百宋陶斋、两秦鼎室、两壶庵、辟雍明堂镜室、汉石经室、双瓴居、宝秦权斋、宝六瑞斋、郑龛、瑞芝堂、止敬室、百二长生馆、师籀堂、竹梅双清馆、瑶琴仙馆等。

与上述情况相反，又有若干人同用一个室名，如万卷楼，至少有清代著名学者李调元等二十五人用过；梅花书屋，至少有明末清初著名学者张岱等十九人用过；玉堂，至少有明代政治家高拱等十四人用过；西园，至少有明代画家王一鹏等二十二人用过。

同别号一样，不仅一般文士有室名，少数帝王也有室名，如宋高宗室名损斋、明武宗室名锦堂、明世宗室名尧斋，清高宗室名三希堂。

唐宋以来，室名日增，清人王应奎甚至形容为“近则市井屠沽，皆有庵、斋、轩、亭之称”（《柳南随笔》卷三）。再加上大量别号，就使得我们今天往往见到种种室名别号而不知是何许人，这就需要我们查检这方面的工具书，诸如陈乃乾的《室名别号索引》（以中华书局的增订本为好），陈德芸的《古今人物别名索引》，商承祚、黄华的《中国历代书画篆刻家字号索引》，等等，都是较常用的工具书。

三　诨号

诨号，又称为诨名、浑号、浑名、混号、混名、绰号、外号，也简称为号，直到今天，人们仍常说“号称某某”，就是沿于古代的这种号。诨号之称，最早见于宋代，《京本通俗小说》中称为浑名，《水浒传》中称为诨名、混名，而被《水浒传》所取材的《宣和遗事》则称为号，《宣和遗事》中载梁山聚义的三十六人都有号，如豹子头林冲、九纹龙史进、黑旋风李逵、神行太保戴

吴用
董平

《水浒像》（清光绪刊本）

宗、拼命三郎石秀、浪里白条张顺等。

诨号之“号”，与别号之“号”，最初应当是一回事，都是在名、字之外的一种别称。这类别称在发展中逐步分成了两大类，一类基本上是自命、自用、自署的，表明了自己的情趣爱好，文字当然较为典雅含蓄，这就是前面所讲的别号。另一类基本上是旁人所命、所称（主要又用于间接称谓，而不用作当面的直接称谓）。旁人所命，必然要概括其特点，有所突出夸张，比较形象、通俗，有时还带些诙谐、戏谑的味道，少数的还加以贬义的夸张，这就是现在要讲的诨号或绰号。“诨”者，诙谐有趣也，《玉篇》：“诨……弄言也”；“绰，犹多也”（《楚辞·大招》“滂心绰态”王逸注），就是名、字之外另加的称呼。至于称为“浑”“混”，就是混杂、相似的名称。这些名称在古代可以通用，也未见到明显的主次之分。所以在本讲中以“诨号”相称，是因为笔者所见到的古代学者最早进行专门的、全面论述这种称谓的著作是明末清初沈自南在《艺林汇考》中的《诨名类》，宋代的《京本通俗小说》也称“诨名”，而《宣和遗事》中则称为“号”，所以我们称为诨号。

我们说别号与诨号在文字上有比较明显的差别，别号典雅，诨号通俗、质朴，这只是一般情况。别号的文字也有不雅的，如圣卵、粪翁之类；诨号的文字也有文雅的，如红杏尚书、梅妃之类。别号多用于自称，诨号多用于别称，所以又产生出另一种较明显的差别，就是别号一般不会有贬称，而诨号却有贬称，如加以夸大，就成为讥刺或嘲讽之称，如古代的卖国牙郎、屈膝参政，现代的狐狸精、母夜叉等，均属此类。

诨号的起源很早。赵翼在《陔余丛考·混名》认为："《吕氏春秋·简选篇》，夏桀号'移大牺'，谓其多力，能推牛倒也。此为混号之始。"这是沿用高诱给《吕氏春秋》所作的注，但却是错的，因为《吕氏春秋》此处有脱字。退一万步讲，就算文字无误，夏桀基本上是传说中人物，也是不能作为信史的。从目前所见到的古文献材料，最早的一批诨号出现于汉代，如郅都、董宣、严延年因用法严酷，被分别号为苍鹰、卧虎、屠伯；甄宇主动先取瘦羊，被号瘦羊博士；郑均年老家居仍赐尚书禄，被号白衣尚书；伏生后人清静无为，被号伏不斗；张霸与江革至孝，被分别号为张曾子与江巨孝；黄宪德高，被号颜子；杨震博学，被号关西孔子；汉宣帝外祖母王媪乘牛车，被号黄牛妪。此后，诨号历代有载，史不绝书。

在众多的古人诨号中，有一个与别号明显不同的特点，即对于一类人、一群人、几个人，可依其特点用一个诨号来共称。宋代丁大全、陈大方、胡大昌三人同任谏官，可都不敢直言进谏，时人号为三不吠犬；明代刘吉、万安、刘珝三人为相，均无建树，时人号为纸糊三阁老。又据《陔余丛考·混名》条所载，明代“呼蜀人为川老鼠，以其善钻也；呼楚人为干鱼，以其善治鲢鱼也；呼江西人为腊鸡，以元时江西人仕于朝者，多以腊鸡馈客也”。

现代学者刘大白先生写过一篇《绰号文学的分类》，将众多诨号分为二十类。今沿用上述分类，举例介绍一些古人的诨号。

一、状貌，如东汉贾逵身高头长，被号为贾长头；刘备耳大，被号为大耳儿；唐代温庭筠貌丑，被号为温钟馗；后唐明宗王淑妃貌美，被号为花见羞；明末名妓李香君娇小而绝色，被号为香扇坠。

二、德性，如北齐魏收轻薄，被号为惊蛱蝶；唐代李义府柔中害人，被号为笑中刀；宋代李邦彦为相而无行，被号为浪子宰相；陈彭年竭力邀宠，被号为九尾狐。

三、威望，如宋代刘安世以强直闻于朝，被号为殿上虎；赵抃梗直不阿，被号为铁面御史；明代周新不徇私情，被号为冷面寒铁；冯恩敢斗奸佞，被认为口、膝、胆、骨均硬如铁，号为四铁御史。

四、声价，如诸葛亮才高未展，被号为卧龙；东晋庾亮有济世之才，被号为丰年玉；唐代张鷟文辞出众，如青钱万选万中，被号为青钱学士；赵光逢风神秀异，被号为玉界尺。

五、命运，如唐代夏侯孜沦落不第，被号为不利市秀才；董方九考明经未中，被号为白蜡明经；北齐冯淑妃因穆后失宠而得幸，被号为续命。

六、财产，如西汉石奋及四子均官至二千石，故号为万石君；东汉郭况家富，被号为金穴；唐代韦宙积谷甚多，被号为足谷翁。

七、业务，如金人杨安国是卖鞍出身，被号为杨鞍儿；《水浒传》中张青以种菜为生，被号为菜园子。

八、技能，如北齐斛律光曾箭穿飞雕，被号为落雕都督；魏文帝一美人能夜间缝纫，被号为针神；《水浒传》中的浪里白条张顺、神行太保戴宗等，均属此类。

九、学识，如萧梁的刘谅，熟悉晋史，被号为皮里晋书；唐代刘蜕是荆州第一个进士，使每年落得“天荒解”之讥的荆州增彩，被号为破天荒；五代崔协不识字，被号为没字碑；明代陈济博学，被号为两脚书橱。

十、艺术，如东汉张芝与唐代张旭，都因擅长草书而被号为草圣；北齐后主高纬善琵琶弹唱，被号为无愁天子；唐代李阳冰善小篆，被号为笔虎。

十一、武勇，如西汉李广善骑射，被号为飞将军；唐代单雄信武艺高强，被号为飞将；五代王彦章常用百斤铁枪二支，被号为王铁枪。

十二、行为，如唐代卢怀慎为相而无作为，被号为伴食宰相；宋代王珪为相，常言取圣旨、领圣旨、得圣旨，被号为三旨相公；南明弘光小朝廷天子喜虾蟆制药，丞相马士英喜蟋蟀为戏，分别被号为虾蟆天子、蟋蟀相公。

十三、举止，如东汉甄丰常夜间入与王莽谋议，被号为夜半客；宋代连生喜插花于首，被号为连花；朱浚致书上司喜称万拜，被号为朱万拜。

十四、气味，如东汉崔烈以五百万钱买官，被号为铜臭；唐代薛瑶英身有香气，被号为香儿；宋代窦元宾不事修洁，被号为窦臭。

十五、谈吐，如唐代窦巩不善言辞，被号为嗫嚅翁；宋代赵霈为谏官不言大事而谈禁杀鹅鸭，被号为鹅鸭谏议。

十六、著作，如唐代杨炯作诗好连用古人姓名，被号为点鬼簿；骆宾王诗中好用数字作对，被号为算博士；宋代宋祁词中有“红杏枝头春意闹”名句，被号为红杏尚书。

十七、服御，如五代王审知常乘白马，被号为白马三郎；宋仁宗年幼时喜赤脚，被号为赤脚仙人。

十八、身份，如南朝陶弘景隐居而常被朝中咨询，被号为山中宰相；宋代梁师成暗中操纵朝政，被号为隐相。

十九、嗜癖，如晋代皇甫谧好书，被号为书淫；唐代王绩好酒，被号为斗酒学士；宋代寇准好柘枝舞，被号为柘枝颠。

二十、谐谑，如唐代牛僧孺被号为丑座，以十二生肖以丑配牛也；宋代翰林学士王平甫爱出汗，遂被号为汗淋学士。

13

古代妇女称谓

随园女弟子图

古汉语中，除亲属称谓是明显的“男女有别”之外，姓名无男女之别，尊称、谦称、别号等方面称谓有不少都可以男女通用。但我国古代毕竟是严格保持着男女有别的社会，所以古代的妇女也必然有若干专门称谓，有若干与现代语言明显不同的特点。

在古今称谓的差异中，有关妇女称谓的差异是最明显的，除了“女”“妇”这两个最基本的称谓的含义和大多亲属称谓古今沿用、无大改变之外，很多称谓的含义都有所变化，我们绝不能简单地以今释古，否则就会发生误解，乃至产生笑话。下面举几个比较明显的例子。

今天，每个人都有姓有名，可在古代，不少女性往往是只有姓而无名，或者虽有名而基本不用（古今都有学者认为先秦时“妇人无名”，古代如叶梦得的《石林燕语》，现代如陈登原的《中国妇女生活史》，这种说法是不正确的)。所以如此，一则是因为古时“妇人无外事，故名不闻于人”(《仪礼·士昏礼·记》之《问名之辞》胡培翚《正义》)；二则因为女性幼时多以乳名相称，出嫁后又随夫家称之，也就不需要称名。在“二十四史”中，以距今最近的《明史》为例，在《列女传》中共录约二百七十人事迹，有名者仅二十余人，其余均以某某女、某某妻、某某母、某氏等称之。王昭君、谢道韫、李清照、秦良玉这些名字清楚而又为世人所知的女性在整个古代一直是凤毛麟角。直到中华人民共和国成立初期，农村中女性未出嫁者只称为“张三妹”“王女子”，出嫁者只称“张王氏”“王大娘”者仍比比皆是。这种情况应是女性称谓所表现的古今差异中最为重要的一点。

在谈到古代妇女姓名时，还必须指出一点：在东汉魏晋时期，有一种很特殊的习俗，就是对有姓名的女性在称呼时可以先名后姓，如《华阳国志》卷一〇的敬司马、助陈、元常、贡罗、进杨，就是司马敬、陈助、常元、罗贡、杨进。这种情况，在男性称谓中是不可能出现的。

今天，“子”和“女”的不同是众所周知的，“嫁女”决不能说成“嫁子”。可在古代，特别是先秦，“子”是男女的通称，称“子”可以是称女性，这是与今天大不相同的。《诗经·大雅·大明》中“大邦有子”“长子维行”的“子”，是称周文王之妻太姒；《左传·庄公二十八年》“小戎子生夷吾”，杜注：“子，女也”；《战国策·中山策》“公何不请公子倾以为正妻”，这里的“公子倾”乃是魏君之女；《史记·仲尼弟子列传》“以其子妻之”，《淮南子·泛论训》“宋人有嫁子者”，这些“子”更明显地是指女性。

今天，“娃”是指小孩，古代却主要是指美女。如《史记·赵世家》“因夫人而内其女娃嬴”，《集解》引《方言》“娃，美也”；《汉书·扬雄传上》“资娵娃之珍髢兮”，颜注“娵、娃，皆美女也”；白行简《李娃传》中的“李娃”，陆龟蒙《陌上桑》中的“邻娃”，《太平广记·板桥三娘子》中的“店娃”，都是指的美女。直到唐代，才开始出现以“娃”来称可爱的小孩。

今天，“美人”“佳人”“千金”等只能用作女性，特别是用作年轻女子的美称。可在古代，却又同时用于男性。《陔余丛考·男人称佳人》：“男子有称美人者，《诗》‘彼美人兮，西方之人兮’；少陵诗‘美人何为隔秋水'；东坡《赤壁赋》'望美人兮天一方'之类是也。男子亦有称佳人者，《楚词》'惟佳人之永都兮'注：'佳人指怀王'；后汉尚书令陆闳姿容如玉，光武叹曰：'南方多佳人'……是皆男子称佳人也。"清人周寿昌在《思益堂日札·佳人》曾对此现象总结说："自汉至晋、宋间有此语。"称男子为"千金"，亦见于此时，如《梁书·谢朏传》载：谢朏聪慧善文，其父赞之曰："真吾家千金。"

今天，"女士"是对成年女性最常见的尊称，可在古文献中却不一定。如《诗经·大雅·既醉》有"厘尔女士"之句，古代学者或认为是"士女"之倒文，绝非对妇女之称。又如王粲《从军诗》有"女士满庄馗"之句，也是"士女"之义，泛指男女。只有在极少数的场合，如《文苑英华》卷九六五载张说《荥阳夫人郑氏墓志铭》之"实为女士"，才是指女性。

今天，"兄弟"只用于男性，可古代也用于女性。"女兄"即姐姐，"女弟"即妹妹，这种用法，我们在《亲属称谓》中已有说明。值得注意的是，古人有时直接以"兄""弟"称姐妹。如《史记·管蔡世家》"蔡侯怒，嫁其弟"，《索隐》曰"弟，女弟"；《汉书·谷永传》“急复益纳宜子妇人”，颜注引如淳曰“王凤上小妻弟以纳后宫”，这里的“小妻弟”，就是妾的妹妹。这种用法，在今天是绝不允许的。

类似上述这些有关女性称谓的古今差异，我们在前文已接触过一些（如“后”可称男性王侯之类），下文还会接触一些。举出这些例子，是为了引起大家的注意，在读书时决不能忽视这些差异。

由于古代妇女不参加社会活动，所以其常见称谓主要是亲属称谓，我们已经在前面作了介绍。这里再介绍几种亲属称谓之外的属于泛称的女性称谓。

古代女性最常见的泛称，正是“妇”和“女”，二者基本上是同义司，但“妇”字使用最广。《广雅·释亲》：“女子谓之妇人。”如果分细一点，则“女子已嫁曰妇”（《正字通》）。再分细一点，“妇”可再分为少妇、老妇。总之，如段玉裁《说文解字注·女》下所说：“浑言之，女亦妇人。析言之，适人乃言妇人也。”

“女”，可以泛称妇女，《说文》：“女，妇人也。”但对于未婚之青少年乃至童年女性，则只能称女，不能称妇，这种区别在《诗经》中就已有明显的例证，一直到现代仍是如此。

“姬”，是古代妇女特别是年轻妇女常见的美称之一，《诗经》中已有“淑姬”“诸姬”，就是早期的用例。《汉书·文帝纪》“母曰薄姬”，颜注：“姬者，本周之姓，贵于众国之女，所以妇人美号皆称姬焉……后因总谓众妾为姬。”称妾为姬，也相当早，春秋时吴王宫中已有“宠姬”“爱姬”之称（见《史记·孙子吴起列传》），而战国时为信陵君窃符救赵的如姬，则是先秦最著名的妃妾。“姬”既作为美女之称，又作为妾之称，一直用到近代，很常见。

“娘”，无论古今都是女性之称。古代与今不同之处有以下几点。

一、今天单称“娘”，是称母亲，可古代却是妇女通称，特别是指青年女子。《玉篇》：“娘，少女之号。”如汉乐府中《子夜歌》的“见娘喜容媚”，《黄竹子歌》的“得娘还故乡”，都是典型的用例。据《北史·后妃传》载，高欢之妃妾，有冯娘、李娘、王娘、穆娘之称，这当然也是指青年女子。

二、今天称“老娘”，或指老母，或为某些泼辣妇女的自称。这两种用法古代都有，可古代还有一种用法，是作为稳婆即接生婆的代称，或作为奶婆的代称，如宋魏泰《东轩笔录》卷七“岂有三十年为老娘而倒绷孩儿者乎”；元武汉臣《老生儿》第一折“急煎煎去把那稳婆和老娘寻”。

三、今天称“姑娘”，是指未婚少女，古代却不然。据笔者所见，唐代尚无姑娘之称，宋代以后，或用以称姑母，或用以称小姑，直到清代才将姑娘用作未婚少女之称。而在过去，未婚少女或称小姑，或称小娘，如汉乐府《欢好曲》“淑女总角时，唤作小姑子”；又《青溪小姑曲》“小姑所居，独处无郎”；李贺《洛姝真珠》“真珠小娘下青廓”。

四、“娘子”是对妻子的一种称呼，可古代又用作对已婚妇女的泛称，如《北齐书·祖珽传》：“老马十岁，犹号骝驹；一妻耳顺，尚称娘子。”

“小姐”，这是古今均用的对年轻女性的美称，但唐代尚未见，只用于宋代以后。《陔余丛考·小姐》指出：“今南方搢绅家女多称小姐，在宋时则闺阁女称小娘子，而小姐乃贱者之称耳。”赵翼举了宋人多处记载，证明宋人是把宫婢、乐妓、娼女称为“小姐”。不过，也就在南宋，又出现了称妾为“小姐”之载，如岳珂《桯史》卷六就有“有妾曰小姐”，这已有一定的美称的意思了。发展到了元代，才把“小姐”作为有钱人家女儿之称，最典型的例子就是王实甫的《西厢记·楔子》“只生得个小姐，小字莺莺”；又白朴《东墙记》第一折“更有个小妮子，是小姐使唤的梅香”。这以后，“小姐”遂长期作为对年轻女性的美称。

“母”，不仅是亲属称谓，也是古代对老年妇女的通称。《史记·淮阴侯列传》“诸母漂，有一母见信饥，饭信”；又《廉颇蔺相如列传》“母置之，吾已决矣”。

除“母”之外，“媪”“妪”“姥”“婆”等也是既用于亲属称谓，又用于对老年妇女之称。

“媪”，《说文》释为“女老称也”。其使用之例很常见。需要指出的是，从《中华大字典》开始，到今天新版的《辞源》《辞海》都释“媪”为“妇人老少通称”，其根据都是《史记·卫将军骠骑列传》“与侯妾卫媪通，生青”，司马贞《索隐》“媪，妇人老少通称”。可以肯定地说，这几种工具书的解释都是错的。“媪”不是老少通称，只能是对老年妇女之称。《史记》在《外戚世家》还有类似记载：“秦时与故魏王宗家女魏媪通，生薄姬。”这两处都是在追述往事，在追述卫媪和魏媪昔日的风流韵事，所以会有卫媪和魏媪之称。司马贞在《外戚世家》的《索隐》中就很肯定地说“媪是妇人之老者通号”。而他在《卫将军骠骑列传》的《索隐》全文是这样的：“媪，妇人老少通称。《汉书》曰与主家僮卫媪通。案：既云家僮，故非老。或者媪是老称，后追称媪耳。”可见司马贞虽然因为对司马迁的追述笔法有所误解，下了一个不准确的判断，但从他的两处注解来看，他还是比较审慎的，实际上对不准确的判断已作了否定。我们将有关材料仔细考察一下就会明白，“媪”不会是“老少通称”，古代文献中也从未见到称少女为“媪”的例证。

“妪”，《说文》释为“母也”。古文献中用作母亲之称极少，而主要用作老年妇女之称，如《史记·高祖本纪》“有一老妪夜哭”；杜甫《石壕吏》“老妪力虽衰”。在个别情况下，加上限制词，“妪”可以作为女性通称，如《南史·邓郁传》：“从少妪三十……年皆可十七八许。”

“姥”，字从女从老，会意，玄应《一切经音义》卷一三：“姥，今以女老者为姥也。”此字最早使用见于晋代。《晋书·王羲之传》：“会稽有孤居姥养一鹅，善鸣。”后世常用，如白行简《李娃传》“一姥垂白上偻，即娃母也”；陆游《阿姥》诗“阿姥龙钟七十强”。明清时期，北方出现了“姥姥”一词，乃是外祖母之别称。但同时仍作为对老年妇女之称，《红楼梦》中的刘姥姥，就是人们所熟知的一例。

“婆”，《广韵》释为“老母称也”，《集韵》释为“女老称”。如唐张鷟《朝野佥载》卷四：“婆出，当有一人与婆语者，即记取姓名。”这类用法一直保持到现在，老年妇女均可称婆。

古代女性用得十分普遍的一种谦称是“妾”。“妾”之本义是女奴，以后用作妻妾之义。当发展成为谦称时，除了儿童之外的所有女性均可使用。例如，未婚少女可称妾，甚至将处女称为处妾，如《汉书·五行志下之上》“处妾遇之而孕”；分明是妻，自称也多称为妾，如《孔雀东南飞》“君当作磐石，妾当作蒲苇”；连皇后也自称为妾，如西汉成帝的许皇后在一次上疏中就前后十五次自称为“妾”（见《汉书·孝成许皇后传》）。

上面所讨论的这些通用的称谓是比较容易理解的。容易混淆而又在古文献中常见的妇女称谓是帝王的后妃、女儿和官员们的妻子，因为她们除了一般的称谓，还有若干表示其身份等级的称谓。

我国古代帝王实行多妻制，后妃之多，今人难以想象。在成千上万的后宫女子之中，凡被帝王所赏识者，就加上一个封号（或称为位号），成为众妃中的一员，从此，旁人均以其姓加上封号相称。这些封号，历代不完全一致。先秦时的记载虽多（如《礼记·曲礼下》“天子有后，有夫人，有世妇，有嫔，有妻，有妾”之类），但不完全可靠。西汉的后妃封号最多。“汉兴，因秦之称号，帝母称皇太后，祖母称太皇太后，適（通嫡）称皇后，妾皆称夫人。又有美人、良人、八子、七子、长使、少使之号焉。至武帝制婕妤、娙娥、傛华、充依，各有爵位，而元帝加昭仪之号，凡十四等云。”以上是等级较高的，较低的则还有五官、顺常、无涓、共和、娱灵、保林、良使、夜者、上家人子、中家人子（以上俱见《汉书·外戚传上》）。这些封号与官爵一样有尊卑高下，如“昭仪位视丞相，爵比诸侯王。婕妤视上卿，比列侯”。人们对她们的称呼，当然也是按其封号的升降变化来称呼的。此后，历代对后妃的封号均有所增减改变，到清代时，分为八级：皇后、皇贵妃、贵妃、妃、嫔、贵人、常在、答应。例如著名的慈禧太后，入宫之后最初被咸丰帝封为兰贵人，以后晋封懿嫔，再晋懿妃，再晋懿贵妃，直至咸丰帝死后，同治帝继位，被尊为皇太后。

关于后妃的称号，有以下两点需要说明。

一、我们在前面讲过，“昭仪”“美人”“嫔”这类封号，在一般情况下也可以称为“位号”。但在明清时期，如果严格说来，就有所区别。“妃”“嫔”等是表示其身份高低的，就叫“位号”；在位号之前，又加上一个不同的人各有所别的美称，以示区别，如慈禧当年的“兰”“懿”之类，就叫“封号”。特别是清代，后妃都是满族、蒙古族，姓氏比较复杂，不能如前代“张贵妃”“王贵人”那样方便地进行称呼。为了区别，除了皇后只有一个，凡有位号者一般都要加上封号，便于称呼（在明清以前，我们也可以见到“××皇后”的称呼，那不是生称，是死后的谥号）。近年来有关末代皇帝溥仪的文艺作品较多，人们所熟知的“淑妃”“福贵人”等称呼，就是这样来的。当然，由于长期的“封号”与“位号”通称，在明清时也有混用不别的，如《明史·后妃传》：“诸妃位号亦惟取贤、淑、庄、敬、惠、顺、康、宁为称。”其实，这里所列的八个字，正是“封号”，而非“位号”。《明会要》卷二载“自后妃下，杂置诸宫嫔，而间以婕好、昭仪、贵人、美人诸位号”，这才是严格的“位号”。

二、我们说，“皇后只有一个”，这是对大多数帝王而言的。在少数民族称帝时，可能不止一个皇后；一些王朝在礼制不严之时，也可能不止一个皇后，如三国时孙吴的孙皓、十六国时前赵的刘聪等，都立有几个皇后。

皇室的妇女，除后妃之外，帝王的女儿也有专门的称谓。早在春秋战国时，就已有“公主”之称，如《史记·孙子吴起列传》“公叔为相，尚魏公主”；或称“君主”，如《史记·六国年表》：秦“初以君主妻河”，《索隐》解释说“君主，犹公主也”。到了汉代，帝女称“公主”，帝之姊妹称“长公主”（有时，公主之长者也可叫“长公主”），帝之姑称“大长公主”，诸侯王之女称“翁主”或“王主”，成为制度。此后，“公主”之称历代相沿不变，“翁主”“王主”则未再使用。唐代规定：“皇之姑，封大长公主，皇姊妹，封长公主，皇女，封公主，皆视正一品。皇太子之女，封郡主，视从一品。王之女，封县主，视正二品。”（《旧唐书·职官志二》）这

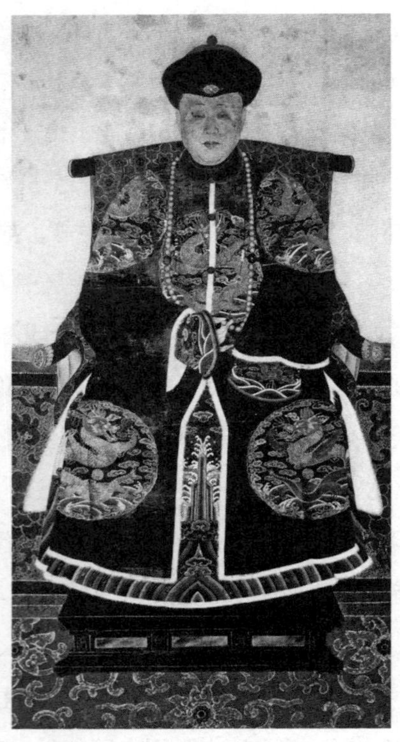

和孝固伦公主像

套制度，以后无大的变化。北宋出现了两个例外，一是在北宋初年，开国重臣赵普与高怀德二人并非皇室亲王，但特封赵女为郡主、高女为县主。二是宋徽宗时曾短期改公主为“帝姬”，郡主为“宗姬”，县主为“族姬”，据说这是权臣蔡京所为（袁文《瓮牖闲评》卷三）。

“公主”一词，在清代曾加上“固伦”与“和硕”二字，凡皇后所生者称“固伦公主”，妃嫔所生者称“和硕公主”。这都是满语的音译，“固伦”之义为国家、至尊，“和硕”之义为一方。

谈到“公主”这一称谓，有必要附带谈一下，自魏晋以降，公主的丈夫一直叫“驸马”，这也是古代的一种专门称谓。“驸马都尉”本是汉代的一种官职，是皇帝的近卫侍从官之一。曹魏时的何晏曾以公主之夫婿身份授驸马都尉，这以后，如杜预、王济等都是如此，遂成定例，凡娶公主为妻（古时称为“尚公主”“尚主”）者，都授驸马都尉。魏晋以后，尚公主者不一定授此官，但人们仍以“驸马”相称，“驸马”就不再是职官名，而成为与公主密不可分的一种专门称谓了，如白居易《送兖州崔大夫驸马赴镇》诗：“戚里夸为贤驸马，儒家认作好诗人。”到了清代，驸马称为“额驸”，是满语的音译。固伦公主之夫称为“固伦额驸”，和硕公主之夫称为“和硕额驸”。

除后妃、帝女，贵族、大臣之妻、母，古代也往往有不同的封号，有各种称谓。古代对皇室及贵族大臣之家的有封号的妇女，一般总称为“命妇”。“命妇”一词，最早见于《国语·鲁语下》和《礼记·丧大记》，本是对卿大夫之妻的一种称呼，据后代学者的研究，认为“未命曰内子，已命曰命妇，此卿大夫妻之专称也”（《陔余丛考·命妇世妇》）。命妇又有内外之分，“凡皇帝嫔妃及太子良娣以下为内命妇，公主及王妃以下为外命妇”（《通志·命妇》），就是说，居于皇宫以内者为内命妇，居于皇宫以外其他府第者为外命妇。不过在各种文献记载中往往与这种区分不合，所以，我们在这里只是沿古制将有封号的妇女通称为“命妇”，而不再分内外。

作为王、侯、卿大夫的妻妾，有一定的表示其身份地位的不同等级的称号，这在先秦时即已开始，只是不很系统，执行也不太严格。“凡三代之制，诸侯之妇曰夫人，大夫曰孺人，士曰妇人，庶人曰妻。公侯有夫人，有世妇，有妻，有妾。邦君之妻，君称之曰夫人。夫人自称于天子曰老妇。自称于诸侯曰寡小君，自称于其君曰小童。邦人称之曰君夫人。自世妇以下者，自称曰婢子。凡妇人无爵，从夫之爵，坐以夫之齿。至秦汉，妇人始有封君之号，公主有邑司之制。”（《通典·内官》）这一段记载，是后人的追述，只能供参考。当时是否有这样明确的制度，又从何时开始，推行范围有多大，这些都是无法准确回答的。

从已见到的材料得知，对命妇的各种封号形成完整而明确的制度，是在唐代。除皇室命妇已见前文，《旧唐书·职官志二》载：“王母、妻为妃，一品及国公母、妻为国夫人，三品以上母、妻为郡夫人，四品母、妻为郡君。五品若勋官三品有封，母、妻为县君。散官并同职事。勋官四品有封，母、妻为乡君。”此外还有一些更细的规定。宋代的制度较为简化，并被后代所仿效，在明代形成相当整齐的各级命妇封号制度：“外内命妇视夫若子之品。生曰封，死曰赠。”“公曰某国夫人，侯曰某侯夫人，伯曰某伯夫人。一品曰夫人，后称一品夫人，二品曰夫人，三品曰淑人，四品曰恭人，五品曰宜人，六品曰安人，七品曰孺人。因其子孙封者（注意：因其孙为二、三品官而封其祖母，因其孙为一品官而封其祖母、曾祖母，这是明清的新制度，前代没有）加太字，夫在则否……嫡在不封生母，生母未封不先封其妻。妻之封，止于一嫡一继。”“五品以上授诰命，六品以下授敕命。”(《明史·职官志一》)这套制度基本上被清代沿用。我们今天在若干文艺作品中所见到的“宜人”“安人”“诰命夫人”之类称呼，就是源于明清的这一套命妇封号制度。

需要注意的是，命妇封号的使用，不如正式官爵那样严格，特别是“夫人”“孺人”“硕人”等往往成为官宦富绅之家用作对妇女的泛用的尊称。王士禛在《香祖笔记》卷九中就曾指出:“硕人、孺人率为妇人之通称矣。”例如吴映奎所著的《顾亭林年谱》，将顾氏的祖母、嫡母、生母、嫡妻都称为“硕人”，而“硕人”本是宋代命妇之号，这里都称为“硕人”，就是明显的“妇人之通称”(详见平步青《霞外攟屑》卷五《硕人》)。

此外，古代妇女在少数时候也有被授封爵而以爵号相称的，这主要是在汉代，如樊哙之妻封临光侯，王皇后母封平原君，王莽封其母为功显君(详见《西汉会要·妇人爵邑》)。这些爵号也是古代妇女的一种称谓，只不过罕见而已。